일러두기

- 본문에 나오는 책의 제목은 우리나라에서 출간된 책은 그 제목을 사용하고 원서명을 첨자로 표기했습니다.
- 우리나라에서 출간되지 않은 책은 원서를 직역한 제목으로 표기했습니다.

나는 왜
나를 가만히
놔두지 못할까?

당신에게 필요한 것은
하지 말아야 할 것을 하지 않는 습관이다.

쓰카모토 료 지음
김소영 옮김

나는 왜 나를 가만히 놔두지 못할까?

홍익출판 미디어그룹

우리 인생에는 해야 한다는 의무감을 느끼지만
사실은 하지 않아도 되는 일이 아주 많다.
하지 말아야 할 일을 먼저 구분할 줄 알아야 한다.
그래야 스스로 어떤 삶을 살지 생각할 수 있다.

차례

머리말 • 008

제1장 하지 말아야 할_ 생각

NOT TO DO 1 **매번 전력투구하지 마라** • 016
NOT TO DO 2 **행동 없이 생각만 하지 마라** • 020
NOT TO DO 3 **무조건 정면 돌파하지 마라** • 024
NOT TO DO 4 **무엇이든 혼자 끌어안지 마라** • 028
NOT TO DO 5 **자신이 통제하지 못할 일에 집착하지 마라** • 032
NOT TO DO 6 **부정적인 감정에 발목 잡히지 마라** • 036
NOT TO DO 7 **'해내야 한다'는 생각에 구애받지 마라** • 039
NOT TO DO 8 **부정적인 말을 쓰지 마라** • 043
NOT TO DO 9 **결과에 연연하지 마라** • 046

제2장 하지 말아야 할_ 일

NOT TO DO 10 **어려운 일부터 시작하지 마라** • 052
NOT TO DO 11 **100점 만점을 노리지 마라** • 057
NOT TO DO 12 **마감 시간에 쫓겨서 일하지 마라** • 062
NOT TO DO 13 **아무 때나 대충 시작하지 마라** • 066
NOT TO DO 14 **스케줄을 꽉꽉 채우지 마라** • 070
NOT TO DO 15 **서류를 처음부터 만들지 마라** • 074
NOT TO DO 16 **메일을 길게 쓰지 마라** • 077
NOT TO DO 17 **모든 메일에 답하지 마라** • 080
NOT TO DO 18 **두루뭉술하게 일을 지시하지 마라** • 084

NOT TO DO 19 애매모호한 표현을 쓰지 마라 • 087
NOT TO DO 20 스마트폰을 가방에 넣고 다니지 마라 • 090
NOT TO DO 21 7명 이상 모인 회의에는 들어가지 마라 • 093
NOT TO DO 22 'PDCA'에 얽매이지 마라 • 097

제3장 하지 말아야 할_ 인간관계

NOT TO DO 23 타인에게 기대하지 마라 • 102
NOT TO DO 24 입바른 소리를 하지 마라 • 105
NOT TO DO 25 섣불리 아는 척하지 마라 • 109
NOT TO DO 26 타인의 속마음을 깊게 읽으려 하지 마라 • 112
NOT TO DO 27 정보만 가지고 사람을 판단하지 마라 • 115
NOT TO DO 28 불필요한 회식에는 참석하지 마라 • 119

제4장 하지 말아야 할_ 습관

NOT TO DO 29 절대 늦게 잠들지 마라 • 124
NOT TO DO 30 자기 전에 술을 마시지 마라 • 128
NOT TO DO 31 점심으로 라면을 먹지 마라 • 132
NOT TO DO 32 연말에 대청소를 하지 마라 • 136
NOT TO DO 33 매일 똑같은 가방을 들지 마라 • 140
NOT TO DO 34 스마트폰 알림을 켜지 마라 • 143
NOT TO DO 35 엘리베이터 닫힘 버튼을 누르지 마라 • 146

제5장 하지 말아야 할_ 자기계발

NOT TO DO 36 맹목적인 공부를 하지 마라 • 152
NOT TO DO 37 인터넷에서만 정보를 모으지 마라 • 155
NOT TO DO 38 책을 끝까지 다 읽지 마라 • 158
NOT TO DO 39 굳이 전자책으로 읽지 마라 • 161
NOT TO DO 40 당연하다는 듯이 검은 펜을 쓰지 마라 • 165

제6장 살면서 하지 말아야 할 것들

NOT TO DO 41 무조건 초심을 고집하지 마라 • 170
NOT TO DO 42 자기다움에 구애받지 마라 • 173
NOT TO DO 43 레드오션에 뛰어들지 마라 • 177
NOT TO DO 44 정해진 틀에 자신을 가두지 마라 • 181
NOT TO DO 45 자기 자신과 싸우지 마라 • 184
NOT TO DO 46 이익만을 따져서 움직이지 마라 • 187
NOT TO DO 47 굳이 인정받으려고 하지 마라 • 190
NOT TO DO 48 몰려다니지 마라 • 193
NOT TO DO 49 저금하지 마라 • 196
NOT TO DO 50 꿈이나 목표를 억지로 품지 마라 • 200

맺음말 • 204

머리말

남보다 탁월한 성과를 내는 사람들은 하나같이 적극적으로 행동하는 경향이 있다. 그들은 머릿속에 떠오른 생각을 마음속에 담고만 있는 게 아니라 몸을 움직여 구체적으로 행동해서 결말을 본다.

물론 행동을 많이 하는 만큼 이따금 실패도 하지만, 그러면서 새로운 것을 배우고 터득하여 다른 사람들보다 더 큰 성과를 올린다.

행동 없이는 성과도 없다. 이는 누구도 부인하지 못한 분명한 사실이지만, 문제는 사람은 본능적으로 편안함과 게으름을 추구하는 존재라는 것이다.

우리들 대부분은 지금 당장 해야 할 일들을 뒤로 미루고 현재의 안온함에 젖어들려는 습성 때문에 빠른 판단과 적극적인 행동을 멀리할 때가 많다. 나는 원래 엄청나게 게으른 사람이었다. 가끔은 의욕이 넘쳐서 뭔가 해야 한다고 다짐하면서 몸을 움직일 때도 있지만, 아무것도 하기 싫은 날이 훨씬 더 많아서 허구한 날 굼벵이처럼 뒹굴뒹굴 지냈다.

그렇게 나태함으로 점철된 젊은 날을 보내다 서른 살이 되면서 더 이상은 이렇게 살 수 없다는 결심과 함께 나의 행동 엔진에 시동을 걸기로 결심했다.

그때부터 나만의 행동 매뉴얼에 따라 일상의 구석구석에서 행동력의 엔진을 작동시켰다. 그리고 그때의 내 결심과 행동 엔진을 작동시키는 방법을 한 권의 책에 담아 출간했다. 2017년에 출판한 《행동하는 습관「すぐやる人」と「やれない人」の習慣》이 그것이다.

이 책은 25만 부를 돌파하는 베스트셀러가 될 만큼 많은 독자들이 읽어주셨다. 그때부터 나는 어디를 가나 '행동하는 사람'이라는 이미지가 굳어졌다.

인지도가 점점 높아지자 일하는 방식에 대한 문의나 강연 의뢰가 늘어나서 정말 고맙긴 한데, 그중에는 내가 뭔가 요구만 하면 곧바로 답을 제시하고 행동하는 사람일 거라는 기대를 품고 연락하는 사람들도 있었다. 모든 일을 단번에 해결할 시간과 에너지가 충분하면 좋겠지만, 그건 현실적으로 불가능하다. 이것저것 거르지 않고 다른 사람들의 요청을 전부 받아들이면 끝이 없기에 적당한 선에서 거절했다.

이런 과정을 거치면서, 나는 빠른 행동도 중요하지만 그보다는 하지 않아도 되는 일을 명확히 구분지어 과감하게 버릴 줄 알아야 한다는 사실을 깨닫게 되었다. 다시 말해서 하지 말아야 할 일을 판단하는 것은 해야 할 일을 결정하는 것과 마찬가지로 내 삶에 매우 중요하다는 얘기다.

그래서 이제는 강연이나 상담 의뢰가 와도 내키지 않는 일은 당당하게 거절하고, 누가 보냈는지 알 수 없는 메일은 아예 답장을 하지 않는 습관을 고수하고 있다.

나는 어떤 일을 할 때마다 아무 전제 없이 '이것을 하는 의미가 무엇인지, 어떤 가치가 있는지'를 따져보려고 항상 노력한다. 그래서 예전에는 메일이 오면 곧바로 답을 했는데, 이런 습관이 오히려 효율이 떨어질 뿐만 아니라 원하지 않는 답을 할 때가 많다는 걸 알게 되었다.

그 대신 아예 오후에 한 차례씩 시간을 정해 그날 온 메일을 한꺼번에 체크했더니 집중할 수 있는 시간이 늘어나서 일을 처리하는 속도가 훨씬 빨라졌다.

어느 작가는 말했다.

"나에게 비전이란 하지 말아야 할 일을 정하는 것이다."

'절대로 하지 말아야 할 일'을 명확하게 정해놓고 살아가는 것이 성공하는 사람들의 비결이라는 사실을 작가는 이 짧은 문장을 통해 말하고 있다.

확실히 조금 유명세를 타게 되면 이것도 해달라, 저것도 해달라며 쏟아지는 요청에 정신이 팔려서 진짜 중요한 일에 쏟을 시간이나 에너지가 바닥나고 만다.

그렇게 허둥지둥 사느라 바쁘다는 핑계로 눈을 가리고 있으면 정말로 나에게 중요한 일이 무엇인지 생각할 여유가 사라진다. 나에게 중요한 것들은 마음의 창고에 차곡차곡 쌓아놔야 하는데 그러지 않으면 잡다한 쓰레기들로 가득 차서 정신을 차리지 못하게 된다.

행동력이 강하고 빠르다는 것은 일을 해나가는 데 있어

하나의 수단일 뿐 그것 자체가 목적은 아니다. 그보다는 '정말 해야 하는 일인가?'라는 본질을 뚜렷하게 파악하는 게 중요하다. 무슨 일을 하든지 '내게 정말 의미가 있는 일인가?' 하고 생각하지 않으면 무가치한 일에 시간과 에너지를 낭비하게 된다.

우리 인생에는 해야 한다는 의무감을 느끼지만 사실은 하지 않아도 되는 일이 아주 많다. 하지 않아도 될 일에 치여서 허구한 날 정신없이 바쁜 것보다는 반드시 해야 할 일에 집중해서 효율을 높이는 삶이 훨씬 좋지 않을까?

인생을 풍요롭게 만드는 데 초점을 맞춰 시간과 에너지를 써야 한다. 무엇이 당신의 삶을 풍요롭게 만드는가? 가족과 보내는 시간인가? 친구와 여행을 가는 시간인가? 꿈을 향해 최선을 다해 달려가는 시간인가?

사람마다 답이 제각각이겠지만 그 시간을 늘리려면 무엇을 해야 할지를 아는 게 중요하다. 답은 분명하다. 할 일이 아니라 하지 말아야 할 일을 구분할 줄 알아야 한다. 그렇게 해야 스스로 어떤 삶을 살지 생각할 수 있다.

이 책에서 나는 당신의 삶을 위해 절대로 하지 말아야 할 일들 50가지를 제안하고자 한다. 하지 말아야 할 일을 과감히 하지 않음으로써 부디 가벼워진 몸과 마음으로 하루하루를 즐기기를 바란다.

쓰카모토 료

Esc

생각은 행동을 부르는 버튼이다. 좋은 생각은 행동을 가속화하고, 나쁜 생각은 행동에 브레이크를 건다. 만일 당신이 곧장 행동으로 옮기지 못한다면 지금까지 쌓아온 생각들이 훼방을 놓기 때문일지 모른다. 당연하게 여겨왔던 생각들을 다시 돌아보는 것부터 시작해보자.

제1장

하지 말아야 할 _ 생각

☑ NOT TO DO 1

매번 전력투구하지 마라

스페인의 FC 바르셀로나에서 활약하는 축구스타 리오넬 메시Lionel Messi는 다른 선수들보다 덜 달리는 것으로 유명하다. 시합당 주행거리가 톱 플레이어 중에서도 평균값 이하인데, 그래도 매년 세계 정상급의 골 결정력을 자랑한다.

그는 어떻게 그런 결과를 낼 수 있었을까? 그는 필드에서 매 순간 최선을 다해 뛰는 게 아니라 승부의 순간이라고 판단했을 때 비로소 골대를 향해 전력 질주한다. 드리블도 마찬가지다. 시종일관 있는 힘을 다해 드리블을 하면 상대 선수는 그 스피드에 익숙해진다. 천천히 달리는 줄 알았더니 갑자기 엄청난 스피드로 달려 나가기 때문에 상대 선수가 따라가지 못하는 것이다.

행동력이 강한 사람은 바로 이런 식의 완급 조절에 능하다. 그는 자신의 에너지를 한꺼번에 쏟아내지 않고 중요한 때와 그렇지 않을 때를 정확히 구분하여 행동한다. 그들에게 전력투구라는 의미는 매사에 최선을 다하는 게 아니라 힘을 넣고 뺄 때를 명확히 나눈다는 뜻이다.

열심히 노력하는데도 성과가 나지 않는 이유는 대부분 힘을 넣고 뺄 때를 모르기 때문이다. 그래서 중요한 순간에 힘이 달려 박차를 가하지 못하는 것이다. 이는 힘을 빼도 될 때는 확 빼는 게 좋다는 뜻이다.

우리는 질보다 양을 우선하는 경향이 있다. 휴일인데도 '다른 사람들이 저렇게 열심히 하는데 나만 놀 수 없지. 나도 노력하자'며 자신을 몰아붙인다.

다른 사람들과 같은 틀에 있는 것도 좋지만 다들 똑같은 생각을 하면 각자 가진 힘을 충분히 발휘할 수가 없다. 모든 사람이 질보다 양을 중시하면 부지런히 움직이기는 하는데 어떤 성과를 내고 있는지 파악이 되지 않을 것이다.

'파레토의 법칙Pareto's Law'이라는 것이 있다. 이탈리아 경제학자 빌프레도 파레토Vilfredo Pareto가 '이탈리아 인구의 20

퍼센트가 이탈리아 전체 부의 80퍼센트를 가지고 있다'고 주장하면서 만든 이론으로 나중에 비즈니스 세계에 유입되어 원인과 결과, 투입량과 산출량, 노력과 성과 사이에 존재하는 불균형의 관계를 수치적으로 나타내면 80/20법칙이 된다는 이론으로 발전했다.

이 이론은 마케팅의 세계에서 이렇게 발전했다.

"백화점 매출의 80퍼센트는 20퍼센트의 핵심 고객에서 나온다. 이를 아는 백화점은 전체 고객을 위한 서비스보다는 20퍼센트의 고객을 위한 특별 관리에 힘쓴다."

이를 이 책에 맞게 설명하면, 성과의 80퍼센트는 전체의 20퍼센트 활동에 달려 있으므로 자신의 시간과 에너지를 그 20퍼센트에 집중해야 한다는 뜻이다.

중요도가 크게 높지 않은 일, 전력을 다하지 않아도 되는 일이 차지하고 있는 나머지 80퍼센트에 시간과 에너지를 쏟으면 중요한 일은 뒷전으로 밀리고 만다.

실패하는 사람들의 특징은 자기 앞에 놓여 있는 일들을 전부 동등하게 취급한다는 점이다. 이것도 급하고, 저것도 중요하다고 여기는 것이다. 이런 사람들은 일의 절차와 순서 없이 마구잡이로 일을 하니 매일같이 너무 바빠서 정신을 차리지 못한다.

그러나 행동력이 강한 사람들은 힘을 빼야 하는 순간을 항상 염두에 둔다. 야구에서 승률이 높은 투수들이 그렇다. 힘을 줘서 최고 속도로 공을 던질 때와 느리게 던질 때를 적절히 배분하는 것이다.

모든 순간에 전력투구를 하지 않는 것, 그것이 성공하는 투수의 비결이듯이 당신도 일을 추진하면서 완급 조절을 하는 걸 잊지 말기 바란다.

to do

힘을 넣을 때와 뺄 때를
항상 염두에 두어라.

NOT TO DO 2

행동 없이 생각만 하지 마라

무엇인가 결단을 내려서 곧바로 행동하지 못하는 사람들의 공통된 특징이 있다. 그들은 머릿속으로만 이런저런 생각을 하느라 정작 자신이 무엇을 하고 싶은지 모른 채 우왕좌왕한다. 이래서야 주저하고 방황하다가 끝날 수밖에 없다.

반면에 행동력이 강한 사람들은 생각을 머릿속에만 담아두지 않는다. 그들은 노트에 할 일을 적어놓고 우선순위를 하나하나 체크하면서 일을 한다. 그렇게 미리 정한 시간표에 따라 구체적으로 일을 진행하니 달성 비율이 높을 수밖에 없다.

요즘처럼 정보가 넘치는 시대에는 하루에도 몇 차례씩

해야 할 일들이 파도처럼 밀려온다. 그렇게 정신없는 가운데 진짜로 온전히 집중해서 생각에 몰두하기란 쉽지 않은 일이다.

누구나 '이 일을 해야 되는데' 하고 생각하는 도중에 문득 '그러고 보니 저것도 해야지' 하고 의식이 다른 쪽으로 쏠리는 경험을 해봤을 것이다. 그러다 보면 이도 저도 못한 채 시간만 흘러서 정작 직접적인 행동에 필요한 결단을 내리지 못하게 된다.

그러나 행동력이 강한 사람들은 이런 상황에 대비해서 머릿속에만 그치지 않고 직접 글로 적어 생각을 정리한다. 곧바로 행동하지 못하고 머뭇거리는 사람들이 머릿속 기억에만 의존하는 것과는 대조적인 모습이다.

기억에만 의존하면 결과적으로는 '아, 깜빡했네!' 하며 자신의 나쁜 기억력을 탓하게 될 때가 많다. 더구나 진짜 부작용은, 할 일을 전부 머릿속에 담아두었다가 여러 가지 일을 한꺼번에 해야 하는 상황을 초래하기 때문에 뇌의 활동에 부하가 걸리게 된다는 점이다.

반면에 행동력이 강한 사람은 머릿속을 텅 비우고 뇌가

적절한 리듬에 따라 활동하도록 배려한다. 그래야 해야 할 일에 에너지를 쏟을 여유 공간을 확보할 수 있다는 걸 알기 때문이다. 업무적으로 중요한 자료를 작성하는 등 집중해야 하는 일을 할 때는 그만큼 뇌 속에 여유 공간을 확보해야 한다.

해야 할 일을 글로 적을 때는 아무리 사소한 일이라도 빠짐없이 쓰는 게 좋다. 이렇게 리스트를 만들어놓으면 일 하나를 끝내고 바로 다음 일에 돌입할 수 있다.

그러면 작업에 집중할 수 있고, 주저하지 않고 행동으로 옮길 수도 있게 된다. 그러면 미리 적어놓은 일들을 하나씩 수행하면서 자신이 얼마나 실행했는지 객관적으로 확인할 수 있기 때문에 성취감도 느끼고 자신감도 붙는다.

우리는 의외로 자신이 무엇을 했는지 잘 기억하지 못한다. 단순히 '열심히 했네……' 하고 느끼는 것과 구체적으로 '이만큼 했네!' 하고 분명하게 파악하는 것은 자신에게 미치는 영향이 아주 다르다.

다만 닥치는 대로 모든 일을 바로바로 행동한다고 해서 다 좋은 건 아니다. 우선순위가 높은 순서대로 미루지 않는 것이 중요하다. 중요도가 낮은 일은 아무리 빨리한다 해도 큰 성과가 나지 않기 때문이다.

따라서 항상 우선순위를 분명히 의식하고 중요도가 낮은 일은 당장 하지 않더라도 잊어버리지 않도록 바로 써놔야 한다. 별로 중요하지도 않은 메일에 대한 답을 당장 하지 않는다고 해서 큰일이 나는 건 아니다. 그래도 'A에게 답장하기'라고 써놓으면 잊어버릴 일은 없다.

☑ NOT TO DO 3

무조건 정면 돌파하지 마라

고대 중국의 병법철학자 손자孫子는 이렇게 설파했다.

“모든 전쟁의 승리는 기만 작전에 근거한다. 공격할 수 있을 때 공격할 수 없는 것처럼, 군사를 사용할 때 활동하지 않는 것처럼, 적과 근접했을 때는 멀리 있는 것처럼, 멀리 있을 때는 가까이 있는 것처럼 적을 철저히 속이는 미끼를 던져라.”

실제로는 충분히 공격할 힘이 있는데도 공격하지 못하는 오합지졸처럼 보이거나 군사를 움직일 때 최대한 은밀하게 작동하는 등 적의 눈을 흐리게 하는 미끼를 던져서 오판하게 만들라는 충고다.

미국의 군사전략가 베빈 알렉산더Bevin Alexander는 《위대한 장군들은 어떻게 승리했는가?How Great Generals Win》라는 책에서 이렇게 말했다.

"지휘관이 지켜야 할 승리의 비결은 간단하다. 적을 혼동시키고, 오도하고, 기습하라. 적의 최소 예상선과 최저 저항 지역을 노려라. 적의 배후로 움직여라. 적의 취약점을 집중 공격하라. 그러나 제일의 상책은 싸우지 않고 적을 물리치는 것이다."

군대가 적의 배후로 움직이는 것을 '우회전략'이라고 한다. 뻔히 보이는 정면이 아니라 전혀 예상하지 못한 급소를 향해 칼끝을 노리라는 것이다.

이것은 한마디로 말해서 전쟁에서 이기는 장수들은 적을 직접 공격하는 정면 승부가 아니라 남들의 눈엔 비겁할 정도로 뒤통수를 치거나 온갖 기만전술을 통해 적을 혼란에 빠지도록 만든다는 것이다.

남북전쟁 때 남부군의 스톤월 잭슨Stonewall Jackson 장군은 부하들에게조차 자신의 전투 계획을 말하지 않는 비밀주의로 유명했다. 그래서 심지어 핵심 참모들조차 그를 대화가 통하지 않는 괴팍한 인물로 여겼다. 하지만 이런 비난에 대한 대답은 간단하고도 분명했다.

"친구들을 속일 수 있다면 적도 틀림없이 속일 수 있다."

이런 상황을 역으로 말하자면, 전쟁이든 비즈니스든 사느냐 죽느냐의 관점에서 무조건 정면 승부를 시도하는 사람들이 많은데, 이는 대단히 어리석은 행동이라는 것이다.

세계의 전쟁사는 물론이고 비즈니스의 세계에서도 기만하고 우회하고 기습하는 전략보다 정직하게 정면으로 돌진하는 전략을 고집했다가 실패의 나락으로 굴러떨어진 사례가 아주 많다.

사실 정직하게 정면으로 돌진하는 전략은 남들의 눈에 장수답고 멋있게 보이기에 자주 선택되곤 한다. 하지만 이런 전투의 최종 승리자는 의외로 허약하게 비밀의 커튼 뒤에 숨은 장수들이 많다.

결론은, 일상에서 사소한 일을 할 때도 다짜고짜 결판을 내겠다고 정면으로 대들지 말고 한 발짝 물러서는 전략으로 나가라는 것이다.

빠른 결단이 무조건 나쁘다는 게 아니다. 매사에 상대를 기만하고 자기 잇속만 챙겨야 한다는 말은 더욱 아니다. 항상 여유를 갖고서 현실에서 한발 물러나 목전의 일을 바라보는 자세가 필요하다는 것을 잊지 말자.

to do

정면 승부보다는
한 발짝 물러서는 여유가 필요하다.

☑ NOT TO DO 4

무엇이든 혼자 끌어안지 마라

〈스파이더맨Spider-Man〉, 〈엑스맨X-Men〉, 〈어벤져스The Avengers〉 같은 마블 코믹스Marvel Comics의 창조자 스탠 리Stan Lee는 사실은 그림에 재능이 전혀 없는 사람이었다.

스탠 리가 구상하고 스토리를 완성해서 이야기를 하면 만화가들이 그것을 듣고 대신 그렸다. 끊임없이 피드백을 주면서 자신이 원하는 이미지와 맞춰갔기 때문에, 그림에 재능이 없어도 연달아 히어로를 탄생시켜 만화나 영화로 세상을 석권할 수 있었다.

이처럼 행동력이 강한 사람은 무슨 일이든 혼자 끌어안고 해내려고 하지 않는다. 적성에 맞는 일과 그렇지 않은 일, 잘하는 일과 서툰 일을 알고 있기에 적성에 맞거나 잘하는 일은 스스로 하고, 그렇지 않은 일은 팀원들과 협업을 한다.

보통은 만화를 좋아해서 직접 그리고 싶으면 그림 그리는 법을 배우면서 열심히 연습을 한다. 그러나 한동안 그려보다가 만약 잘되지 않으면 '난 그림에 소질이 없나 봐' 하고 포기하기 마련이다. 스탠 리는 그러지 않았다. 분명히 자신에게 그림 실력이 없다는 사실을 인지했음에도 만화제작자가 되기로 마음먹었다.

그는 자신의 성공에 대해 말할 때, 이런 결과는 순전히 부모님의 교육에 빚지고 있다고 했다. 어릴 적부터 하고 싶은 것을 마음껏 하라고 말씀하신 부모님의 가르침 덕분에 친구들과 자유롭게 어울려서 결과물을 찾아내는 능동적인 창의성이 생겼다는 것이다.

이에 반해 우리 아이들은 학교에서 공부할 때 어떤 모습인가? 선생님이 교단에서 말을 하면 학생들은 일제히 선생님 쪽을 향해 앉아 일방적으로 듣기만 한다. 완전히 수동적이다.

이런 수업 방식은 친구들과 더불어 활동할 기회가 적고, 교과서나 참고서를 끌어안고 혼자 씨름하여 답을 도출해내는 '자기완결형'이 될 수밖에 없다.

그러다 보니 대부분의 사람들은 누군가와 힘을 모아 시너지를 내고 결과를 도출해서 문제를 해결하는 데 어려움을 겪는다. 스포츠로 말하면 일대일로 맞서는 개인전은 잘하지만 여러 사람이 힘을 합쳐야 하는 단체전은 젬병이라는 것이다.

예전에 모 금융회사 회장의 강연을 들은 적이 있는데, 그가 협업의 중요성을 강조하면서 이렇게 말했다.

"현대인들은 타인의 힘과 지혜를 빌려 성공으로 이끈 경험이 적기 때문에 자꾸 혼자서 모든 걸 해결하려고 한다."

그런 식으로 많은 일을 혼자서 전부 하려다가 어느 시점에 이르면 힘에 부쳐서 점점 더뎌지고, 결국은 방치한 채로 끝나는 일이 허다하다.

이렇게 되면 누군가에게 도움을 청하는 것 자체에 엄두를 내지 못하고 미적거리다가 끝내 포기할 수밖에 없는 결과를 초래한다. 누군가에게 기대지 말자는 의식은 미련 없이 버리자. 남을 믿고 의지하면 자신이 할 수 있는 일이 늘어난다. 해결책을 고민할 수 있기 때문에 가능성이 훨씬 더 커지는 것이다.

☑ NOT TO DO 5

자신이 통제하지 못할 일에 집착하지 마라

나는 고등학생 시절에 스티븐 코비Stephen Covey의 세계적인 베스트셀러 《성공하는 사람들의 7가지 습관The 7 Habits of Highly Effective People》을 읽고 큰 감명을 받은 적이 있다. 자신이 바꿀 수 있는 것, 컨트롤할 수 있는 일에 집중하는 것이 얼마나 중요한지에 대한 내용으로 가득한 이 책을 접하기 전까지 나는 인생이 잘 풀리지 않는 이유가 나를 둘러싸고 있는 불운한 환경 탓인 줄 알았다.

하지만 부모님이나 그로 인한 환경 조건은 내가 아무리 노력해도 컨트롤하지 못하는 부분이다. 신세 한탄을 하며 내가 아닌 다른 곳에다 책임을 전가해봤자 부모가 바뀔 리 없고, 세상은 꿈쩍도 하지 않았다.

바꿀 수 없는 것에 얽매여 시간이나 에너지를 쏟고 머리를 감싸 쥐어도 변하는 것은 없다. 스티븐 코비는 말한다.

"성공하는 사람들은 자신이 통제하지 못하는 것에 미련을 두지 않지만, 실패를 밥 먹듯이 하는 사람들은 자꾸 외부적 조건에 집착하고 탓한다."

회사에 다니면서 '부장만 없으면 참 편할 텐데……'라는 생각을 누구나 해봤을 것이다. 그러나 부장이라는 존재는 내가 컨트롤할 수 있는 존재가 아니다. 그러기 위해 이런저런 궁리를 해봤자 스트레스만 쌓일 뿐이다. 이럴 때는 반대 입장에서 생각해보자. 당신이 부장이고, 상대는 신입사원이다. 어떤 일을 시켰는데 결과가 영 시원치 않다.

"어떻게 지시한 대로만 하지? 생각 좀 해서 융통성 있게 행동할 수 없나?"

당신의 입장에서 부하직원의 잘못에 이런 식으로 푸념해봤자 아무 해결도 되지 않는다. 그런다고 그 사람의 능력이 하루아침에 좋아질 리도 없으니 당신만 속이 상할 뿐이다.

자신은 제어할 수 있어도 타인을 제어하기란 상당히 어

렵다. 그 대신 부하직원이 생각대로 움직이지 않으면 '내 설명이 부족한가? 더 편한 관계를 만들어야 하나?' 하며 문제의 출발점을 나에게 맞춤으로써 오히려 자신이 스스로 한 단계 성장하는 발판을 만들 수도 있지 않을까?

우리는 일이 잘 풀리지 않을 때 외부에서 원인을 찾으려고 한다. 이는 지극히 자연스러운 현상이므로 부정할 필요는 없다. 그러나 어차피 바뀌지도 않을 외부 요인만 찾아서 열심히 바꾸려고 하면 자신만 점점 무력해진다.

우리가 무기력해진다는 것은 자기의 힘으로 해낼 수 없는 일에 좌절감을 느낄 때 생기는 감정이다. 이런 감정이 자꾸 쌓이면 인생에서 도전이라는 단어는 자리를 잡기 힘들어진다.

사람들은 어떤 일을 하면서 자신이 제어할 수 있는지 아닌지 따지지 않기 때문에 고민에 빠진다. 이제부터는 냉정하게 자신이 어떤 상황에 놓여 있는지 돌아보자.

만약 제어할 수 없는 일로 고민하고 있다면, 당장 집착을 버리면 된다.

행동력이 부족한 사람일수록 푸념만 늘어놓고 있다가 아무 성과도 내지 못한다. 통제하지 못할 요소를 후련하게 놓아주는 것이 빠른 결단을 내리는 사람으로 가는 첫걸음이라고 할 수 있다.

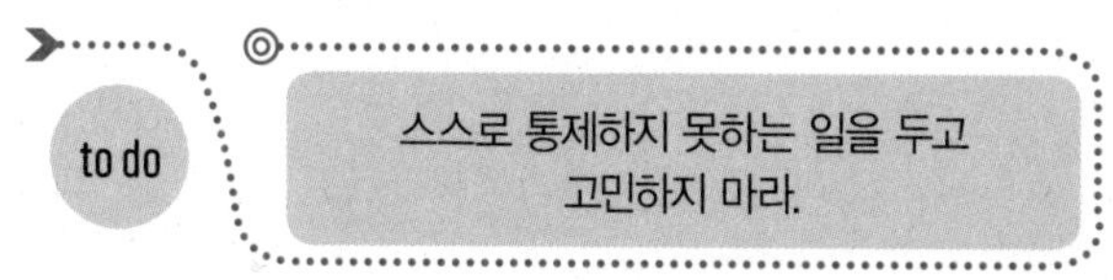

☑ NOT TO DO 6

부정적인 감정에 발목 잡히지 마라

사람들이 자신의 생각을 곧바로 행동에 옮기지 못하는 이유 중 하나는 감정에 사로잡히는 습관 때문이다. 누구든 안 좋은 일이 있거나 지쳐 있을 때는 해야 되는 일이 있어도 마음이 따라가지 못한다.

반대로 좋은 일이 있을 때는 무슨 일이든 척척 해낼 수 있을 것 같은 마음이 그 사람을 적극적으로 변하게 한다. 이처럼 행동과 감정이란 뗄 수 없는 관계에 있다. 따라서 '인간은 감정의 동물'이라는 말을 상기하고 스스로 감정을 어떻게 다스려야 할지를 생각해야 한다.

행동하는 사람들은 자신의 행동력을 둔하게 만드는 부정

적인 감정은 절대로 마음속에 꽁꽁 가둬두지 않는다. 얼마 전에 한 대학에서 강연을 하던 중에 이런 질문을 받았다.

"눈앞에 놓인 일에 집중하고 싶은데 안 좋은 일이 자꾸 떠올라서 방해를 해요. 어떻게 해야 할까요?"

계속 부정적인 감정에 사로잡혀 있으면 결국 생각의 범위를 제한하게 된다. 이에 효과적으로 대처하려면 집중을 위해 자신의 현재 감정을 솔직하게 받아들여야 한다. 혼자만의 갈등에서 빠져나오라는 얘기이다.

행동력이 강한 사람들은 힘들 때는 힘들다, 불안할 때는 불안하다는 식으로 자신의 감정을 솔직하게 주위 사람들에게 표현할 줄 안다. 자신의 감정이 어떤 상태인지 남에게 말하는 것에 거리낌이 없기 때문에 오히려 그 감정으로부터 자유로워지는 것이다.

누구나 감정의 기복이 있다. 힘들 때는 주변에 도움을 청하자. 누군가 불안해 보일 때는 두 팔을 걷고 도움을 주자. 그러면 마음도 행동도 안정이 된다. 아무렇지 않은 척하며 부정적인 감정만 켜켜이 쌓아놓고 지내다가 어느 순간 폭발해버리면 오히려 상황만 더 악화될 수 있다.

물론 남에게 말하지 못할 사정도 있을 테고 당장은 다른 사람에게 털어놓지 못하는 상황일 수도 있다. 그럴 때는 가슴에 꽁꽁 숨겨두지 말고 글로 옮겨보는 것도 효과적이다.

'이제 더 이상 뱉을 게 없다!'는 생각이 들 때까지 전부 종이에 휘갈겨서 분출하는 것이다. 그렇게만 해도 지금 무엇이 싫은지, 왜 지쳐 있는지 객관적으로 판단할 수 있다.

친구에게 고민을 털어놓을 때 마음에 있는 말을 다 쏟아내서 후련해진 경험이 있을 것이다. 마찬가지로, 마음속에 있는 말을 언어로 전환시키기만 해도 속 시원히 정리되는 기분이 들 것이다.

우리는 매일 이런저런 불안이나 긴장감을 안고 살아간다. 좋은 일만 있으면 더할 나위 없겠지만 어디 마음대로 되겠는가? 행동에 브레이크를 거는 부정적인 감정은 남김없이 분출하도록 하자.

NOT TO DO 7

'해내야 한다'는 생각에 구애받지 마라

'해내야 한다'는 말이 머릿속을 지배하고 있으면, 거기에 압도된 나머지 다른 선택사항들을 가리게 된다. 그렇게 되면 다른 대안들이 몇 가지 더 있는데도 눈에 보이지 않고 오로지 한 방향으로 자신을 몰고 간다.

그러면 반드시 해내야 한다는 의무감에 문제의 핵심이나 해결 방법을 전혀 의심하지 않는다. 이렇게 정해진 시간 내에 무엇인가를 해내야 한다는 집착에 사로잡히게 되면, 그 일이 가치가 있는지 아닌지 분간되지 않는다.

이런 외골수 집착에서 벗어나려면 일을 하기 전에 왜 그런지, 정말로 그런지를 미리 따져보아야 한다. 그러면 하지 않아도 될 일에 시간이나 에너지를 할애할 필요도 없고 무엇보다 정신 건강에 이롭다.

'해내야 한다'는 말에 갇혀 있으면 별로 중요하지 않은 일까지 전부 다 끌어안고 있다가 어느 순간 자기 힘으로는 감당하지 못하고 폭발하는 날이 올 수 있다. 그 결과는 보나마나다.

'해내야 한다'는 말에서 벗어나지 못하면 사소한 일도 흑백논리로 생각하기 때문에 남들에게도 지나치게 엄격한 잣대를 들이댄다. 이들은 자신의 가치관을 타인에게 강요하는 경향이 농후해서 사사건건 부딪치게 된다.

개인의 가치관이 다양화되고 있는 현대 사회에서 자신만이 옳은 줄 알고 한 치의 의심도 하지 않으면 타인의 믿음은 사라지고 결과적으로 실패의 나락으로 직행하게 된다.

회사 같은 조직에서 팀을 이뤄 일을 하다가 누군가 '내 마음을 알아주지 않는다……'는 불만이 쌓이기 시작하면 제대로 역할을 수행하지 못하게 된다.

반면에 다른 사람과 의견이 대립했을 때 '그렇게 생각할 수도 있구나' 하고 타인의 의견을 인정할 줄 알면 '내 가치관이 한쪽으로 너무 치우쳐 있나?' 하고 자신에게 시선을 돌리는 여유가 생긴다.

당신 같으면 어떤 타입이 회사의 발전에 도움이 되겠는가? 윗사람들이 좋아하는 타입은 누구일까? 생각의 차이가 개인의 발전에 얼마나 큰 차이를 만들어내는지 알 수 있는 질문이다.

그렇다면 어떻게 하면 좋을까? '하지 않을 일'을 기본에 두고 행동하면 '해내야 한다'는 사슬에서 해방될 수 있다. 내 삶에 의미가 있는 일만 똑바로 할 줄 알면 된다. 괜한 일을 끌어안고 있으면 중요한 일을 빨리 해야 할 때 걸림돌이 될 뿐이다.

나도 의무감 때문에 무심코 일을 시작할 때가 있다. 그러다가도 문득 '안 하면 어떻게 될까?' 하고 멈춰서 생각해본다. 그러다 '하지 않아도 별일 없겠네!' 하는 결론이 나오면 즉시 그만둔다.

'해내야 한다'는 말의 채찍을 자신에게 휘둘러 고통 속으로 몰아넣지 말도록 하자. '해내야 할 일'보다 '하고 싶은 일'을 따라 움직여야 인생이 훨씬 더 풍성해진다.

《성공하는 사람들의 7가지 습관》에서 스티븐 코비는 자기 삶을 살아가는 것이 진짜 성공자의 모습이고, 이것이 습관처럼 머리에 꽉 박혀 있는 사람이야말로 최고라고 말하고 있다.

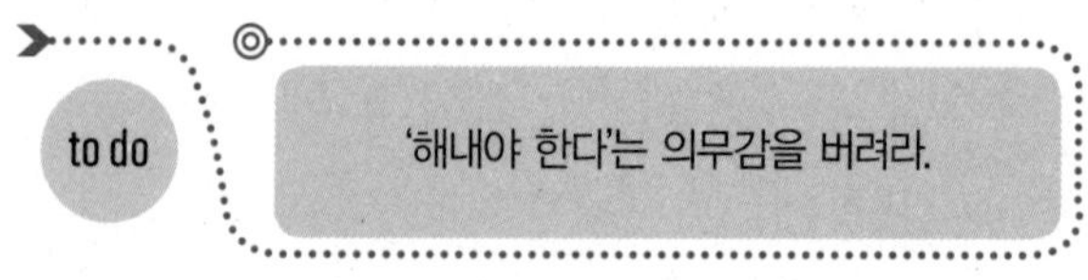

☑ NOT TO DO 8

부정적인 말을 쓰지 마라

부정적인 언어 표현은 마음을 좀먹는다. '나는 안 돼', '내가 할 수 있을까?', '과연 그럴까?' 하는 부정적인 표현 뒤에 변명의 문장을 보태는 사람들은 대개 자신의 생각을 행동으로 옮기지 못한다.

이런 식으로 부정적인 말을 습관처럼 입에 달고 살면 자연스레 기가 죽고 생각도 점점 소극적으로 변하게 된다. 그러다가 자기긍정감이 저하되고 당연히 행동력도 현저히 떨어진다. 문제는, 그렇게 되면 반드시 행동해야 될 상황인데도 자꾸만 하지 않아도 될 이유를 찾게 된다는 점이다.

나는 부정적인 말은 가급적 멀리하려고 노력한다. 그리

고 부정적인 말을 입에 달고 사는 사람들과는 어울리지 않으려고 한다. 그런 사람들과 같이 있으면 세상의 모든 것들이 왜곡되어 긍정적인 삶이 펼쳐질 리가 없다.

성공자들은 '안 된다'는 말 대신 '어떻게 하면 될까?' 하며 항상 미래지향적으로 진전시키는 사람이고, 쓸데없는 변명 대신 '다음에는 이렇게 해볼까요?' 하며 방법을 모색하는 사람들이다.

사실 생각이란 바꾸려고 마음먹는다고 해서 뚝딱 바뀌는 게 아니다. 따라서 변화를 원한다면 평소에 착실한 연습이 필요하다. 가령 타인에게 간단한 말을 건네더라도 무슨 말을 어떤 식으로 표현하면 좋을지 한 박자 템포를 늦추어 말하는 습관이 필요하다.

"그런 일은 위험 부담이 너무 높지 않나요?"

"말이 쉽지 어려울 것 같은데요."

이런 말이 입 밖으로 튀어나오려고 하면, 잠깐 멈추고 발상을 전환해보자.

"위험 부담은 높을지 몰라도 멋지게 처리할 수 있는 방법이 있지 않을까요?"

"일단 한번 시작해보고 상황 판단을 해보겠습니다."

행동력이 부족한 사람들은 부정적인 말을 남발하면서도 그런 식의 표현이 자신에게 미치게 될 영향에 대해 별로 주의를 기울이지 않는다.

'말이 씨가 된다'는 속담은 괜히 생긴 게 아니다. 온갖 부정적인 말로 자신의 가능성을 깎아내리는 사람도 있는데, 그러면서도 성공을 바란다고 말하면 어불성설이다. 진짜 성공은 자기 마음속에 쉴 새 없이 긍정의 씨앗을 심고 정성껏 물을 공급할 때 가능한 일이기 때문이다.

지금은 설령 자신도 모르게 부정적으로 말하는 습관이 있더라도 긍정적으로 바꾸겠다고 의식하면 생각도 좋은 방향으로 흘러가고 주위 사람들의 기분까지 밝아진다.

부정적인 말이 툭 튀어나올 것 같은 순간에는 잠시 입을 닫고 멈춰라. 그러면서 자기 자신에게 시선을 돌려 긍정의 방향으로 향하도록 응원하자. 긍정적인 언어 습관이 인생을 바꾼다는 사실을 잊지 말자.

☑ NOT TO DO 9

결과에 연연하지 마라

아무리 애를 써도 좋은 성과가 나지 않는 경험은 누구나 해봤을 것이다. 특히 인간관계가 그런데, 이런 관계는 나를 받아주는 타인이 있어야 가능하다. 사람마다 생각이나 가치관이 다르기 때문에 괜찮을 줄 알고 행한 일이 남에게 좋게 보일 거라는 법은 없다.

무더운 여름날 아이스크림을 먹는다고 상상해보자. 한입 베어 물면 꿀맛처럼 달콤하게 느껴질 것이다. 두 개째 먹으면 그런대로 맛은 있겠지만 처음 먹을 때처럼 감동은 받지 못할 것이다. 세 개째를 먹을 때는 감동이 더 떨어지고 네 개째, 다섯 개째로 이어지면 감동은 점점 더 줄어들어서 결국엔 더 이상 입에 대기도 싫어질 것이다.

똑같은 아이스크림이라도 그때그때 느끼는 맛이나 가치는 다른 법이다. 마찬가지로 상대방이 원하지 않는 타이밍에는 아무리 좋은 제안을 해봤자 받아들여지기가 어렵다.

인생은 타이밍이다. 요컨대 일이 잘 풀리고 안 풀리고는 타인에게 달려 있기에 혼자 아무리 노력해도 안될 때는 안 된다는 얘기다. 어떤 일을 하려면 바로 이런 마음가짐으로 도전하는 것이 중요하다.

결과에 집중한 나머지 어떻게든 성과를 내겠다는 생각에 빠져 있으면 생각이 많아져서 움직이기가 어려워진다. 그러니 '결과에는 다양한 요소가 영향을 미친다'라는 사실을 이해하고 일단 자신이 할 수 있는 일에 집중하여 도전하자.

예전에 어느 프로야구 팀의 감독이 인터뷰한 기사를 읽은 적이 있다.

"최선의 준비를 하고 시합에 임해도 상대 팀의 생각지 못한 전략이나 날씨, 경기장 분위기 등 온갖 요소들이 작용하기 때문에 실제로 결과는 예측이 불가능하다. 승패에는 수많은 요인이 영향을 미친다는 뜻이다."

결과에 연연하면 반드시 이겨야 한다는 압박감을 짊어지게 된다. 결과를 내기보다는 자신이 얼마나 힘을 발휘할 수 있느냐가 중요하다. 그런 다음 결과를 겸허히 받아들여야 한다. 그의 말은 나에게 이렇게 들리기도 한다.

"나는 경기 결과에 너무 연연하지 않는다. 시합이야 이길 수도 있고, 질 수도 있는 것이다. 매 경기 하나하나에 충실하면서 목표를 향해 나아가는 것, 그것이 나의 신념이다."

결과를 받아들이는 것은 자신이 현재 어느 위치에 있느냐를 아는 것이다. 한 발짝 떨어져서 자신의 인생을 객관적으로 봤을 때, 이 모든 것은 자신을 성장하게 만드는 영양분이 된다.

프로는 결과로 말한다고들 한다. 맞는 말이다. 그러나 프로도 결과를 내기 위해 자신이 할 일에만 집중할 수밖에 없다. 행동력이 강한 사람에게 결과는 그저 결과일 뿐이다. 좋은 결과는 추구해야 마땅하지만, 그보다는 그 또한 미래로 이어지는 과정이기 때문에 지금 이 순간에 충실한 것이 무엇보다도 중요하다.

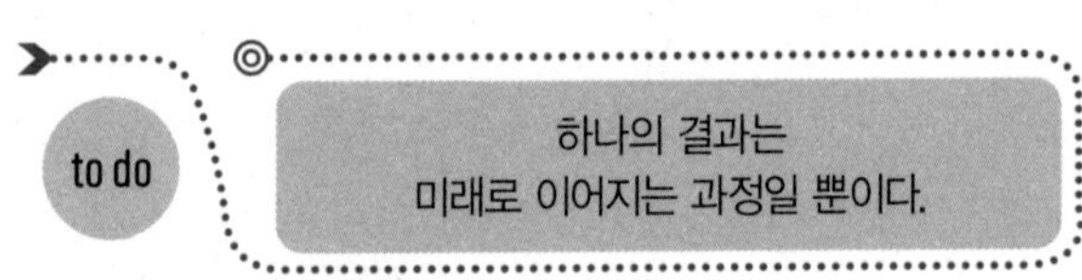

매니지먼트의 아버지라 불리는
피터 드러커Peter Drucker는 전략에 대해
"일단 하지 않을 것을 정하라!"고 했다.
성공한 사람들은 불필요한 행동이나 사고를
과감히 버릴 줄 안다.

Esc

일에서 성과를 내려면 중요한 일을 꼼꼼히 해내는 것이 기본이다. 대수롭지 않은 일에 발목이 잡혀 우왕좌왕하다 보면 정작 반드시 실행해야 할 일은 손도 못 대고 끝날 때가 많다. 나를 먼저 움직이고 주위 사람들까지 움직여서 절대 하지 말아야 할 일을 정하는 것, 그것이 성공의 지름길이다.

제2장

하지 말아야 할 일

NOT TO DO 10

어려운 일부터 시작하지 마라

"까다로운 업무는 오전에 해치워라."

"간단한 일부터 손을 대라."

회사에서 업무를 볼 때 일을 처리하는 순서에 대해서는 의견이 분분하다. 까다롭고 어려운 일부터 해놓으면 홀가분한 기분으로 나머지 일을 뚝딱 해치울 수 있다.

반대 의견도 만만치 않다. 간단하고 손쉬운 일을 빨리 해놓고 어려운 일에 집중하는 것이 업무 효율이 높다는 사람도 많다. 어떻게 하는 게 더 좋을까?

나는 기분에 따라 하는 것이 가장 좋다고 생각한다. 오전에 일할 의욕이 넘치는 시간은 까다로운 일부터 시작하면 그 기세로 대부분의 일을 쉽게 해치울 수가 있다.

하지만 오전이라고 해도 전날의 피로가 남아 있다면 의욕은커녕 일할 엄두가 나지 않는다. 이런 상황에서 힘든 업무부터 손을 대면 난이도가 높아 지지부진하게 된다. 그렇게 되면 아주 간단한 업무조차 어깨를 짓누르는 부담이 되어 의욕을 깎아먹는다.

마음이 내킬 때는 아무리 바빠도 가벼운 발걸음으로 헬스장에 갈 수 있지만 내키지 않을 때는 아무리 한가한 시간이라도 발이 천근만근일 것이다.

이럴 때는 억지로 움직이지 말고 일단 문밖으로 나가는 계기를 만드는 게 무엇보다 중요하다. 기분이 내키지 않을 때 억지로 움직여 마음을 다잡으려고 하면 무엇 하나 되는 일이 없게 된다.

의욕이란 필요할 때 마음대로 꺼낼 수 있는 게 아니다. 따라서 의욕이 없을 때는 작은 불씨가 될 만한 행동을 일으켜야 한다. 그러면 나중에 의욕이 따라온다. 그러니 난이도를 낮춰서 할 수 있는 일에 먼저 집중할 필요가 있다.

나는 영국의 케임브리지 대학원을 졸업했는데, 솔직히

말해서 고등학생 때까지는 공부에 취미가 별로 없었다. 그래도 운이 좋게도 대학에 턱걸이로 합격했고 그 뒤 개과천선을 해서 공부를 좋아하게 되었다.

대학에 다닐 때, 한번은 시험 전날 조금이라도 공부해야겠다는 생각에 가장 싫어하는 과목부터 들여다봤는데 모르는 것투성이라 금세 지쳐버려서 흥미가 떨어졌고 결국 시험공부는 거의 하지 못했다. 다짜고짜 높은 장벽을 넘으려고 낑낑대니 필요 이상으로 에너지가 소모되는 것이다.

나는 대학에서 강의를 하거나 기업에서 연수를 진행할 기회가 많은데, 많은 사람들과 접하다 보니 시험에서 좋은 점수를 받는 사람들은 흐름을 타는 데 능숙하다는 사실을 알게 되었다.

시험에서 낮은 점수를 받는 사람들은 대개 번호 순서대로 문제를 푼다. 그러다 어려운 문제에서 막히면 필요 이상으로 집중하느라 에너지를 소모한다. 모든 시험은 시간이 제한되어 있기 때문에 때에 따라서는 다 풀지 못하고 끝나버릴 때도 있다.

반면에 점수가 높은 사람들은 문제를 순서대로 풀지 않

고 자신 있는 문제나 쉬운 문제부터 푼다. 그렇게 하면 할 수 있다는 자신감이 붙고 작업 리듬이 생겨서 머리가 더 잘 돌아간다.

자전거로 언덕에 오를 때를 생각해보자. 언덕에 오르기 전에 멈췄다가 페달을 밟을 때와 평지에서 속도를 내서 달리다가 그 기세로 오를 때 중 언제가 더 편할까?

스포츠 경기에서 체력을 아낀답시고 준비운동이나 워밍업을 하지 않은 채 무턱대고 힘든 시합에 뛰어든다면 어떻게 될까? 당연히 실력을 충분히 발휘하지 못할 것이다.

축구선수들이 시합을 하기 전에 몸을 푸는 과정을 보면 이를 알 수 있다. 가벼운 운동부터 시작해서 점점 강도를 높여서 자기만의 리듬을 찾아간다.

직장에서 일을 잘하는 사람도 이와 비슷하다. 좀 가벼운 잡무부터 해치우면서 자기만의 작업 리듬을 높인 다음 '이제부터 슬슬 해치워볼까?' 하면서 어려운 업무에 착수한다.

이렇듯이 행동력이 강한 사람은 느닷없이 커다란 바위를 옮기려고 하지 않는다. 단번에 번쩍 들어 올릴 수 있는 돌멩이부터 옮기면서 점점 흐름을 타는 것이다.

모든 일에는 리듬이 있다. 어떤 일이라도 자기만의 리듬을 놓치면 일이 꼬이게 된다. 하는 일이 자꾸 어긋나는 것처럼 느껴진다면 나 자신과 일의 조화로운 리듬부터 들여다보고 가장 손쉬운 일부터 다시 시작하면서 작업의 리듬을 일관성 있게 만들 필요가 있다.

NOT TO DO 11

100점 만점을 노리지 마라

결단력 있게 행동하는 사람은 어떤 경우에도 100점 만점을 노리지 않는다. 세상의 그 무엇도 정답이 하나만 있는 게 아니다. 세상의 일이란 단답형의 수학 문제가 아니기 때문이다.

상사나 고객에게 좋은 평가를 받으려고 완벽을 추구하다 보면 '이건 아니야, 저건 아니야' 하며 궁리를 하느라 시간과 에너지를 다 소비하는 바람에 행동으로 옮기기가 어렵게 된다.

일을 할 때는 반드시 타인과 얽히게 되는데, 그의 기대치를 제대로 파악하기가 어렵다. 상사나 고객이 '이거 부탁해요' 하고 의뢰했다면 그들이 바라는 이미지가 있을 것이다. 내 딴에는 열심히 작업했어도 완성된 자료가 그들이 원하는 이미지와 일치할지는 나중에야 알 수 있다.

100점 만점을 목표로 기획서나 발표 자료를 준비하면서 보고 또 보고, 고치고 또 고쳐서 제출해도 '내가 원한 건 이게 아닌데?'라는 상사의 반박을 들을 가능성도 있다.

중간보고를 하지 않고 단번에 OK를 받으려다가 다시 해오라는 말을 듣고 의욕이 떨어진 경험은 직장인이라면 누구나 다 있을 것이다. 반면에 수시로 피드백을 받으면 조금 성가시기는 해도 나중에 좌절을 맛보며 의욕이 떨어질 일은 줄어든다.

그러니 예를 들어 보고서를 작성할 경우라면 먼저 초안을 만들어서 방향성이 맞는지 상사나 고객에게 확인을 받아라. 일단 최소 60점 이상의 결과물을 얻을 수 있다. 그리고 한결 마음이 편해져 더 나은 결과를 얻으려는 마음이 생긴다.

'제로 디펙트Zero Defects'라는 말이 있다. 1960년대에 어느 미국 기업이 미사일의 납기 단축을 위해 처음부터 완전한

제품을 만들자는 '무결점 운동'을 벌인 것이 계기가 되어 전 세계 기업사회에 급속히 보급되었다.

이 운동의 최대 특색은 이름 그대로 기업에서 하는 모든 일에 결점을 '제로'로 하자는 것이었다. 품질 관리 기법을 제조 측면에만 한정하지 않고 일반 관리 사무에까지 확대 적용하여 전사적으로 결점이 나타나지 않게 일을 하자고 했다.

퍽 이상적인 운동같이 보이지만 사람이 하는 일에 결점이 없을 수 없다. 첨단기계 역시 오류가 생기고, 오작동이 생겨 예상치 않은 부작용이 생길 수 있다.

무결점을 지향하는 것은 나쁠 리가 없지만 그것 자체를 목표로 삼으면 일의 노예가 되어버린다. 그래서인지 제로 디펙트 운동을 처음 시작한 미국 기업은 잦은 부작용에 시달리다가 그런 구호 자체를 없애버렸다. 기업사회에 '인간성'을 존중하지 않고 일 자체만을 목표하는 문화가 번창하면 오히려 부작용이 생긴다는 것을 보여주는 사례다.

사실 이 책도 그렇다. 나는 처음부터 완벽하게 글을 쓰겠다는 생각은 하지 않는다. 출판사 편집자와 이 책의 테마나 방향성에 대해 충분히 대화를 나눈 다음에 집필을 시작한다. 그렇다 해도 내가 원하는 내용과 편집자가 바라는 내용이 동일한지는 알 수 없다.

그래서 60점 정도 되는 글을 먼저 작성한 다음에 편집자의 확인을 받으면서 진행했다. 능력 있는 편집자는 저자와 독자 사이에서 저자가 어떤 식으로 전달해야 독자가 만족할지를 찾는 연결고리 역할을 한다.

저자는 어떤 분야의 전문가이기는 해도 글의 내용이 너무 어려워서 독자들이 이해하기 어려울 때가 있다. 작가의 입장에서는 자기 수준에 맞춰 쓴 것이고 누구나 쉽게 알아볼 거라고 생각하기 때문이다. 하지만 이런 책을 내면 독자들의 외면을 받는 무용지물이 될 것이다.

내가 《행동하는 습관》을 집필하기 위해 처음 펜을 들었을 때는 심리학적 측면에 너무 초점을 맞춘 나머지 지나치게 이론적으로 흘러서 나만의 개성이나 특색이 부족했다.

그래서 내가 겪은 일을 에피소드 형식으로 넣어달라는 편집자의 요청이 있었다. 그때 나는 과학 이론이나 근거도 중요하지만 그것만으로는 재미가 떨어지기 때문에 개인의 경험을 살짝살짝 곁들여야 친근감과 현실감이 생긴다는 걸 알게 되었다.

이 부분을 편집자가 지적해준 덕분에 경험을 섞어서 원고를 수정해 나갔고, 그때부터 나는 집필 작업은 물론이고 강연을 할 때도 다양한 사례와 경험담을 넣어 흥미를 더하고 있다.

이제 나는 "일단 60점을 목표로 원고를 써볼게요. 의견이 있으면 언제든 말씀해주세요" 하고 편집자에게 먼저 이야기한 다음에 쓴다. 그런 후 편집자의 의견을 듣고 더 나은 원고로 완성해 나간다.

처음부터 100점 만점을 노리고 일을 시작하면 출발부터 부담 때문에 피곤함을 느낀다. 그러나 가볍게 일을 시작하면 오히려 정확도가 훨씬 더 높아지고, 속도도 빨라진다. 무슨 일도 완벽할 수는 없다.

☑ NOT TO DO 12

마감 시간에 쫓겨서 일하지 마라

빠르게 결단하고 적극적으로 행동하는 사람들은 이따금 누군가의 지시를 받거나 부탁받은 일을 하다 보면 기한을 제대로 지키지 못할 때가 있다. 자신의 능력만 믿고 '아직 여유가 있군' 하고 여유를 부리다가 기한이 닥쳐 허겁지겁 서두르다 시기를 놓치기 때문이다.

그들은 이런 경험을 한 후에 스스로 마감 시간을 정하는 습관을 갖게 된다. 의뢰인이 부탁하는 기한에 맞추지 않고 언제까지 필요한지 물어본 다음에 자신의 생각을 더해 최종적인 기한을 정하는 것이다.

그들에게는 하나의 공통점이 있다. 어떤 일을 하는 의의

나 가치를 따져서 사물을 판단한다는 점이 그렇다. 다시 말해서 누가 하니까 따라 하는 게 아니라 자기 스스로 판단해서 할지 말지 결정하는 것이다.

우리의 뇌는 어느 정도 긴장감이 있을 때 더 집중한다. 이런 식으로 자신의 뇌를 긴장시켜서 준비태세를 갖추고 일에 임하면 기대 이상의 효율을 얻게 되는 것이다.

시험을 볼 때도 아직 시간이 많이 남아 있다고 생각하면 방심하기 마련인데 시간이 부족할 것 같을 때는 집중할 수밖에 없는 상황에 쫓긴다. 그래서 성적이 좋은 일부 학생들 중에는 일부러 시험을 며칠 남겨두고 벼락치기로 공부하는 습성이 있다고 한다.

사실 영원히 이어질 것만 같은 여름방학처럼 시간 제약이 없고 언제든 공부할 수 있는 상황에서는 동기부여가 잘 되지 않는 게 당연하다. 시간이 많다는 여유로운 생각이 그만큼 뇌를 느슨하게 만드는 것이다.

타인에게 지시나 부탁을 받아 하는 일은 어디까지나 타인의 일이다. 따라서 의지가 약한 사람들은 타인과 약속을 하면 그것이 추진력을 만들기 때문에 차라리 좋다.

타인과 약속을 하면 눈앞에 놓인 일이 그 사람과 나의 일, 다시 말해서 '우리의 일'이 된다. 만약 타인이 '일주일 안에 해주세요'라고 부탁했다면 닷새 만에 완성하는 것으로 예정하고 완성까지 어떤 프로세스를 거칠지 분명히 정한 다음에 '닷새 후에 일단 완성해서 보내겠습니다' 하고 선언한다.

그렇게 말해두면 닷새 후에 완성하기 위해 구체적인 단계를 밟을 준비에 들어가고, 아직 이틀의 여유가 있으니 부족한 점이 있으면 그 시간에 보완하면 된다.

장기 프로젝트는 특히 중간에 지치기 쉽기 때문에 그사이에 중간 목표를 촘촘히 세워야 한다. 2개월 후에 제출해야 한다면 '다음 주까지 어느 부분까지는 마쳐서 보내드리겠습니다' 하고 선언하는 것이다. 이렇게 하면 '다음 주까지 해야 하니 당장 착수해야겠다'고 생각하게 되므로 행동에 구체성이 생긴다.

물론 무리를 해서는 안 된다. 도저히 가능할 것 같지 않은데도 완수하겠다고 선언해놓고 약속을 지키지 못하면 큰소리만 치는 사람으로 인식될 수 있다. 따라서 무엇이든 선언한다고 다 되는 건 아니니 주의하기 바란다.

기한을 정할 때는 아무리 생각해도 힘들 것 같으면 솔직하게 말하고 현실적인 기한을 새로 설정하는 게 좋다. 시간은 점점 없어지는 것이기에 기한을 의식해서 일할 때와 그렇지 않을 때는 집중력의 차원이 다르다.

우리는 제한 시간이 있을 때는 그 시간 안에 할 일을 찬찬히 따져서 버릴 것과 남길 것을 구분한다. 그러니 의뢰인이 언제까지 원하는지 분명히 물어보자. 그다음 기한과 상관없이 자신이 할 일을 생각하고 계획을 세워라.

사람은 틈만 나면 편해지고 싶은 마음이 비집고 들어와서 해야 할 일이나 운동을 거르게 한다. 이를 예방하기 위해서라도 자신이 어떻게 움직이는지 알고, 그 시스템을 항상 의식해서 행동하면 일의 효율을 높일 수 있다.

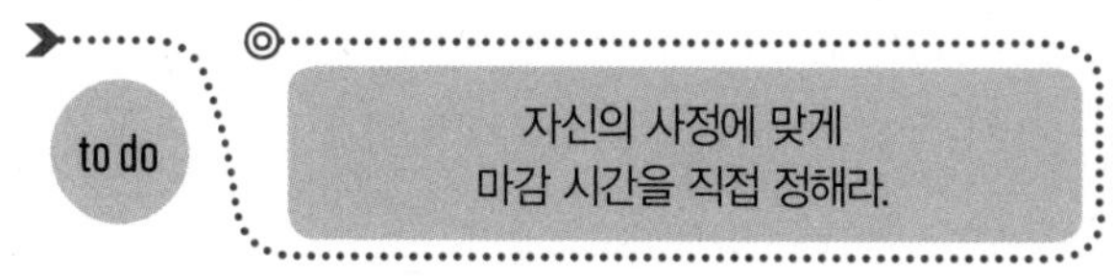

NOT TO DO 13

아무 때나 대충 시작하지 마라

행동력이 강한 사람들은 아무리 소소한 일을 하더라도 대충 시작하지 않는다. 시간대에 따라 해야 할 일과 그렇지 않은 일이 있기 때문에 구체적인 시간표에 따라 단계를 밟는다. 그들에게 '얼렁뚱땅'은 남의 얘기라는 말이다.

그 바탕에는 뇌의 리듬이 깔려 있다. 하루 24시간 중에는 뇌가 활발한 시간대와 그렇지 않은 시간대가 있다. 아침에 기상하고 두세 시간 후에는 뇌가 최고조로 활성화하므로 이때가 바로 가장 효율적으로 뇌가 활동하는 시간이다. 아침 7시에 일어났다면 9시부터 10시 사이에 뇌가 가장 활발하게 활동한다.

뇌가 활성화되었을 때는 당연히 집중력이 높아진다. 뇌가 활발한 시간대에 집중력을 필요로 하는 일을 하면 무난하게 작업의 진도를 펼쳐나갈 수 있다. 그러면 큰 자신감을 얻게 된다.

베스트셀러 《성공하는 사람들의 준비된 하루What the Most Successful People Do Before Breakfast》를 발표한 로라 밴더캠Laura Vanderkam은 이렇게 말했다.

"이른 아침은 의지력 공급이 가장 활발한 시간이다. 특히 일을 하면서 직면하는 문제나, 마음을 다잡고 도전해야 할 과제는 아침 7시에 일어났다면 9시부터 10시 사이에 해치우는 게 가장 바람직한데 만약 이 시간대에 뇌에 부담이 적은 메일 체크 같은 단순 작업만 하면 머리가 가장 잘 돌아갈 시간을 물거품으로 만드는 셈이다."

나중에 시간 여유가 있을 때 해도 되는 일을 굳이 이 시간대에 할 필요는 없지 않을까? 그런데도 직장인들 중에는 오전 근무 시간을 빈둥빈둥 보내는 경우가 많다.

어제 밤늦게까지 이어진 술자리로 숙취가 남아서 머리가 지끈거릴 수 있고, 어제 해야 할 업무가 아직도 밀려 급히 일을 마치느라 오늘 해야 할 중요한 일을 뒷전으로 미루는 경우도 있다. 그러다 점심때가 되면 뇌기능이 급속히 저하되어 식사를 하고 나면 잠기운이 몰려온다. 학창 시절에 점심을 먹고 나서 수업 시간에 쏟아지는 졸음 때문에 속수무책이었던 경험이 누구나 있을 것이다. 이런 습성이 어른이 되어서도 남아 있는 것이다.

점심을 배불리 먹으면 세로토닌이라는 신경전달 물질이 분비된다. 세로토닌은 잠을 부르는 데 효과가 큰 멜라토닌의 분비를 촉진하여 잠기운이 더 심해지게 만드는 작용을 한다.

그럴 때는 아무리 꼬집고 난리법석을 피워도 생리적으로 뇌가 슬립모드에 들어갔기 때문에 일의 효율이 떨어질 수밖에 없다. 그래서 집중력이 필요한 일을 하려고 해도 마음처럼 되지 않고 의욕은 점점 떨어진다. 그런 식으로 뇌가 활발하지 않은 시간대에는 아무리 노력해도 능률이 오르지 않으므로 스트레스만 쌓일 뿐이다.

나는 매일 낮잠 자는 시간을 계산해서 스케줄을 짠다. 대개 15분에서 20분 정도 쪽잠을 잔다. 이를 원기 회복을 위한 낮잠이라는 뜻의 '파워냅Power Nap'이라 하는데, 미시간대학의 인지심리학 연구에서도 파워냅을 통해 일에 대한 몰입감이 회복되었다는 사실이 증명되었다.

당신은 뇌의 리듬을 고려하여 하루 계획을 세우는가? 생리 현상인 뇌의 리듬과 상관없이 계획을 세우면 진행에 차질이 생기는 것은 물론이고 의욕도 떨어져서 점점 하기 싫어지는 악순환을 낳는다. 뇌의 리듬을 따지면서 계획을 세우면 의욕이 솟구친다는 사실을 잊지 말자.

NOT TO DO 14

스케줄을 꽉꽉 채우지 마라

나는 스케줄을 빽빽하게 채우지 않으려고 노력한다. 그래서 하루 중에 반드시 여백이 있다. 스케줄이 빼곡하게 차 있어야 열심히 하는 느낌이 난다는 사람도 있겠지만, 나는 그렇게 생각하지 않는다.

기회는 불쑥 찾아오는 것이다. 시간적인 여유가 없으면 기회가 왔을 때 곧바로 움직이지 못하는 결과를 초래한다. 그런 의미에서 내가 경험한 실화를 소개하겠다.

1장에서 소개한 미국 코믹스의 거장 스탠 리가 2016년 '도쿄 코믹 컨벤션東京コミコン'을 위해 팀을 이끌고 일본을 찾은 적이 있다. 이것은 미국의 만화, 게임, 할리우드 영화 등

을 소개하는 이벤트로, 일본에서는 처음 열리는 행사였다.

그때 나는 케임브리지 대학원 시절 친구한테서 '스탠 리 일행이 교토 관광을 원한다'는 연락을 받았다. 도쿄에서 내가 사는 교토로 이틀 후에 온다는 갑작스러운 소식이었다.

세계적인 거장과 만날 수 있는 기회가 날이면 날마다 오는 것이 아니기에 나는 당연히 모든 일정을 바꿔 하루 동안 교토를 안내하기로 했다.

나는 그 일을 계기로 스탠 리와 친해져서 2017년에 샌디에이고에서 열린 코믹 컨벤션에 초대를 받았다. 현지에서 그들과 함께 보낸 일주일은 그 뒤 미국과 일본의 합작 코믹스 제작 프로젝트를 진행하는 계기가 되었다.

그런가 하면 마이클 잭슨과 함께 일한 세계적인 안무가 트래비스 페인Travis Payne이 일본에 왔을 때 통역 일을 맡아 닷새 동안의 일본 일정을 함께했는데, 이 일은 불과 일주일 전에 갑자기 의뢰받았다.

그때 트래비스 페인과 나눈 안무예술에 관한 지식들은 내가 속한 분야와 접목하는 작업으로 이어졌고, 당시 만난 일본 무대예술계 인사들과는 따로 교류하는 사이가 되었다. 그중에는 나에게 자신의 출신학교 후배들에게 심리학과 대중예술을 결합한 무대 연출에 관한 강의를 부탁한 사람도 있었다.

이처럼 기회는 언제 찾아올지 모른다. 스케줄에 빈틈이 없으면 중요한 순간에 배트를 휘두를 수 없다. 언제든지 스케줄에 여백을 남겨놓아야 귀가 솔깃한 제안을 곧바로 받아들일 수 있는 것이다.

애초에 세상일은 계획대로 착착 이루어지지 않는다. 전철이 늦거나 작은 트러블에 휘말렸을 때 스케줄에 여백이 없으면 모든 일이 말짱 꽝이 될 수도 있다. 완충제를 두어야 조절도 할 수 있고, 다음 행동으로 한 걸음 더 빨리 옮길 수 있다.

예를 들어 중요한 미팅이 잡혔는데 자동차로 1시간 정도 걸리는 거리라면 2시간 정도 전에 출발하는 게 좋다. 도로에서 시간을 지체할 수도 있고, 뜻밖의 사고를 당할 수도 있으니 그만큼 여유를 두어야 한다.

바쁘면 멋있어 보이지만 정신없이 뛰어다니다 보면 제

발로 찾아온 기회를 날려버릴 수 있다. 행동력이 강한 사람들은 모처럼 온 기회를 잡기 위해 스케줄을 빽빽하게 채우지 않는다는 사실을 잊지 말자.

☑ NOT TO DO 15

서류를 처음부터 만들지 마라

앞에서 행동력이 강한 사람들은 힘을 낼 때와 뺄 때를 잘 구분한다고 말했다. 그들은 무슨 일이든 무턱대고 들이대는 게 아니라 힘을 빼도 될 때는 살짝 일의 속도를 줄인다. 승부처에서 힘을 제대로 발휘하기 위해 중요도가 낮은 일에는 에너지를 소모하지 않는 것이다.

회사에서 기획서나 발표 자료, 회의록 등 서류 하나를 만들 때도 마찬가지다. 회사의 서류는 대부분 비슷한 사례가 많아서 그것을 참고하면 되는데, 처음부터 다시 만들면 시간이 아무리 있어도 부족하다. 정형화할 수 있는 부분은 정형화하자. 그렇게 해야 괜한 시간이나 에너지를 쏟을 필요가 없어진다.

나는 직업상 메일을 쓸 기회가 많은데, 이때도 마찬가지다. 자주 쓰는 문장은 어느 정도 정형화되어 있어 해당 업무에 따른 단어 몇 개만 교체하면 금세 메일이 완성된다. '지난번에는 감사했습니다' 같은 간단한 인사로 시작해서 용건을 전달하고 마무리 인사를 하면 끝이다.

인사 글이나 마무리 글은 대체로 정해져 있다. 나는 매번 같은 문장을 쓰는 데 들이는 시간이 아까워서 컴퓨터나 스마트폰에 몇 개의 문장을 등록해놓고 있다.

나는 영어로 메일을 보낼 때가 많은데, 같은 방법으로 정형화를 해놓으면 그때그때 가져다 쓸 수 있어서 메일에 할애하는 시간이 훨씬 단축된다. 예를 들면 이런 식이다.

· I hope this mail finds you well.

⇨ 서두에 오는 문장. '잘 지내시는지요'라는 뜻이다.

· Thank you for….

⇨ 감사의 마음을 전하고 싶을 때 쓰는 표현이다.

· Please find the attached file.

⇨ 첨부파일을 확인하라는 뜻이다.

· It would be great if you could….

⇨ 부탁하고 싶을 때 쓰는 표현이다.

업무적인 메일을 쓸 때는 대개 사무적인 내용이므로 개인적인 감상을 넣을 필요가 없다. 몇 개의 정형화된 문장이면 족하다는 뜻이다.

기획서나 발표 자료, 회의록 등은 인터넷만 살짝 검색해도 내가 원하는 서식이 넘쳐난다. 베꼈다고 할까 봐 걱정할 필요는 없다. 이미 만들어진 자료는 또 다른 사람의 자료를 베낀 것이므로 신경 쓸 사람은 아무도 없다.

그럴 바엔 시간이나 에너지를 어디에 들여야 할지 파악하는 데 집중하도록 하자. 그래서 나는 기본적으로 서류는 대강 만들고 그것을 돌려쓴다.

☑ NOT TO DO 16

메일을 길게 쓰지 마라

빠르게 결단하고 적극적으로 행동하는 사람은 메일 하나를 쓰더라도 길게 작성하지 않는다. 반면에 행동력이 떨어지는 사람은 결단하는 데 오래 걸리기 때문에 메일이 지나치게 긴 편인 데다, 정작 해야 할 중요한 문제는 제쳐두고 정중한 표현을 쓰는 데만 신경을 쓴다.

그래서야 메일 한 통 쓰는 데도 시간이 많이 걸릴 수밖에 없다. 문제는, 그렇게 정중하게 썼는데도 상대방이 생각대로 움직여주지 않거나 답장을 주지 않는 일이 비일비재하다는 점이다.

"감사합니다."

"알겠습니다."

이렇게 한마디 간단하게 쓴 메일을 본 적이 있을 것이다. 이런 메일은 행동하는 사람들의 전형적인 습관이다.

이와는 반대로 한마디면 충분한 내용도 이런저런 사설을 붙여서 지나치게 길게 쓰는 사람이 있다. 한 페이지 가득한 글들을 자세히 뜯어보면 별다른 내용이랄 것도 없다. 이래서는 호감은커녕 짜증을 유발할 뿐이다.

다음 장에서 다시 설명하겠지만, 빠르게 행동하는 사람은 타인을 잘 끌어들인다. 그러기 위해서는 심플하게 전달해야 한다는 사실을 그들은 잘 알고 있다. 이것은 특히 몹시 바쁜 사람과 일할 때는 반드시 필요한 스킬이다.

메일이 도착해서 열어본 순간, 한 페이지 가득 빼곡하게 적힌 글이 나타나서 읽을 마음이 대번에 사라진 경험이 있지 않은가? 이럴 때는 메일을 읽는 것 자체도 힘든데 답장을 쓸 생각을 하면 더 막막하기만 하고 내용에 따라서는 대체 무슨 말을 하고 싶은지 모를 때도 있다.

"○○ 일로 상의하고 싶은데, 시간 있으신가요?"

이런 식으로 먼저 용건을 밝히고 구체적인 내용을 설명

하면 상대방의 부담을 덜 수 있다. 그렇게 하면 상대방이 무슨 말을 하고 싶은지 알기 때문에 답장하기도 편해진다.

타인을 움직이게 하려면 생각을 많이 하게 만들면 안 된다. 상대방이 고민할 필요가 없으면서도 번거롭지 않은 메일을 쓰려고 노력하고 있는가? 빨리 움직여줬으면 하는데 바로 하지 않는 이유는 당신의 메일 탓일지도 모른다.

나도 예전에는 메일을 길게 썼다. 그런데 행동이 빠릿빠릿한 사람들의 메일은 대단히 짧다는 공통점이 있음을 알게 되었다. 그렇다고 의미가 전달되지 않는 것도 아니었다.

그 사실을 안 뒤로는 의미 없는 서두나 업무상 관계가 없는 개인적인 이야기는 싹둑 잘라내게 되었다. 메일 형식에 맞추려고 공들이는 시간을 다른 데 쓰면 더 많은 일을 처리할 수 있다는 사실을 몸소 깨달았다. 여러분도 자신이 어떻게 메일을 쓰고 있는지 다시 보길 바란다.

to do

메일을 쓸 때 의미 없는 내용은
최대한 생략하라.

☑ NOT TO DO 17

모든 메일에 답하지 마라

행동력이 강한 사람들은 기본적으로 자신에게 오는 모든 메일에 답장을 하지 않는다. 일을 잘하는 사람은 메일 답장이 빠르다는 이야기를 종종 듣는데, 일리 있는 말이다. 그러나 그들은 과연 모든 메일에 곧바로 답장을 할까? 결코 그렇지 않다.

행동이 빠른 사람은 자신이 하는 일이 얼마나 급한지, 얼마나 중요한지를 구분해서 행동한다. 업무상 급하고 중요한 메일에는 바로 답장하면 되지만, 모든 메일에 즉시 답장을 하려고 하면 다른 일에 집중을 못한다.

내가 지금까지의 경험으로 미루어보아 즉답이 필요한 메

일은 10퍼센트 정도가 아닐까 한다. 대부분의 메일은 즉답이 필요 없다는 얘기이고, 하물며 답장이 필요 없는 메일도 많다는 얘기이기도 하다.

여담이지만, 나에게 상담 메일을 보내면서 눈에 띄게 하려는 의도에서 같은 내용을 몇 차례나 동시에 발송하는 사람도 있다. 그 사람은 간절한 마음에 그랬을지 모르지만, 이건 예의의 문제다. 나는 그런 메일은 눈에 띄는 순간 지워버린다.

일반적으로 한가한 사람일수록 답장이 빠르다. 중요도를 파악하지 않고 메일이 오는 족족 답을 하는 사람은 일의 효율은 물론이고 시간과 에너지를 낭비한다는 사실을 모르는 것이다.

내 경우에 어느 날은 아침부터 라디오 녹음, 점심식사를 하면서 미팅, 식사 후 또 다른 미팅, 그 후 또 다른 미팅을 하다 보면 어느새 저녁이 된다. 그러는 동안 메일을 확인하기란 거의 불가능하다. 그래서 메일이 꽤 많이 쌓인다. 그 메일들을 일일이 다 대응하면 다른 일에 쓸 시간과 에너지가 사라진다.

SNS 댓글도 마찬가지다. 도움이 될 것 같은 댓글 이외에는 답장을 하지 않아도 된다. 따라서 기본적으로는 답장을 하지 않기로 정해놓는 것이 좋다. 아무 도움도 안 되는 데 힘을 써봤자 득이 될 건 없다.

나는 예전에 만난 적이 있는 사람에게 페이스북 친구 신청이 오면 보통 승인을 하는 편이다. 그러면 그 사람이 개최하는 세미나 안내 메일이 페이스북 메시지로 올 때가 종종 있다.

당연히 이런 메일에도 답장을 하지 않는다. 귀찮기도 하지만, '감사합니다'라는 답장을 하는 것 자체가 생산성이 없다고 믿기 때문이다.

그저 메신저에 '읽음 상태'만 되면 충분한데, 답이 없다고 투덜대는 사람이 있다면 어쩔 수 없다.

메일이란 내가 하는 일의 효율을 높이기 위한 수단으로 존재하는 것인데, 쓸데없는 일에 시간을 낭비하면 그로 인한 손해는 고스란히 내 몫이 된다.

하지만 어느 면에서든 신뢰 관계가 쌓인 사람은 그때그때의 필요에 따라 꼬박꼬박 답장을 한다. '일'이라는 한계

선을 그어놓고 생각하면 이런 태도가 바람직하지 않을까? 직장인이라면 꼭 한 번 염두에 두어야 할 내용이라고 생각한다.

to do

진짜 중요한 메일은
전체의 10퍼센트 정도에 불과하다.

NOT TO DO 18

두루뭉술하게 일을 지시하지 마라

회사에서 업무를 수행할 때는 대부분 동료들과 팀을 짜서 진행한다. 팀으로 일하려면 본인은 물론이고 동료들도 부지런히 움직여야 하는데, 혼자서 아무리 열심히 해도 주위 사람들이 따라오지 못하면 지지부진해져서 이도 저도 못하는 상황에 놓인다.

이런 상황에서는 주위 사람들의 빠른 반응과 피드백을 받기 위해 막힘없이 진행할 특별한 대책을 강구해야 하지 않을까?

거래처뿐만 아니라 부하나 동료에게 일을 지시하거나 부탁할 때 이렇게 말하지 않는지 생각해보라.

"다음 주 발표 자료 준비해줄래요?"

"보고서 작성해주세요."

이런 식으로는 요청하는 내용이 너무 두루뭉술하기 때문에 요청받은 사람에게 부담감이 없다. 정확한 마감 시간이나 해야 할 일을 말해야 하는데 그렇지 않은 게 문제다.

어중간하게 지시를 내리면 일도 진척이 안 되고 스트레스만 쌓인다. 따라서 부하직원에게 어떤 일을 맡길 때는 일단 50퍼센트 정도만 해내자는 생각으로 시작하고, 그다음에 명확하게 방향성을 확인해보라는 지시를 내려 난이도를 낮춰주는 게 중요하다.

기획서나 발표 자료는 누가 보느냐에 따라 글 내용이나 글자 크기도 달라야 한다. 적은 인원이 참석하는 사내용 회의 자료는 글자가 작고 간격이 촘촘해도 좋다. 그러나 많은 인원이 보는 외부용 발표 자료에는 적합하지 않다.

그 일을 하는 목적이 명확하면 갈피를 잡지 못할 때 판단의 축을 잡아줄 수 있다. 나아가 상대에게 의뢰하는 이유가 명확하면 더할 나위 없다. 인간은 믿음을 받고 있다는 마음이 들 때 의욕이 생긴다. '꼭 네가 해줘야 돼!'라는 마음이 전해지면 더 큰 동기부여가 된다.

나도 그렇다. 업무 의뢰를 받을 때 그 일을 하는 이유와 내게 부탁한 이유를 알면 더 열심히 해야겠다는 생각이 든다. 사람은 '왜 나한테 그런 부탁을 할까?' 하고 신경 쓰는 게 당연하다. '이런 일이야 아무나 해도 되지 않나?'라는 생각이 들면 의욕이 떨어진다.

일에는 정답이 없는 경우가 많으므로 상대방과 내가 이해한 정답을 맞춰서 하나하나 찾아나갈 수밖에 없다. 지시를 받는 사람이 바로 움직일 수 있도록, 그리고 내가 생각한 결과물과 크게 어긋나지 않도록 하기 위해서도 일을 다짜고짜 맡기지 않도록 하자.

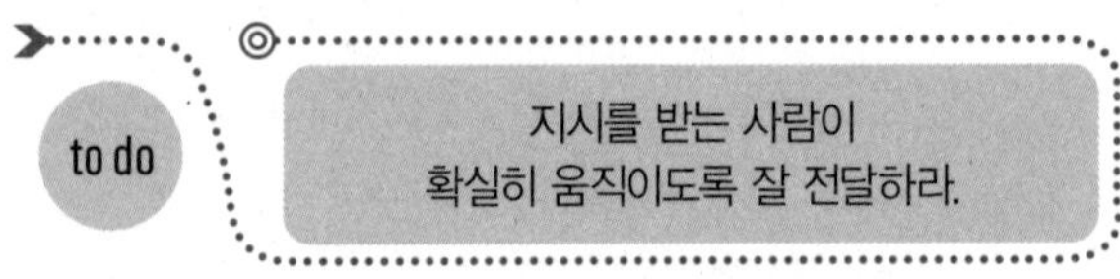

NOT TO DO 19

애매모호한 표현을 쓰지 마라

"죄송하지만 조금 늦을 것 같아요."

"어제 정말 많은 분들이 와주셨어요."

"자료는 나중에 보낼 테니 기다려주세요."

이처럼 '조금', '많은', '나중에' 같은 표현은 너무 모호해서 명확하지가 않다. 약속을 했는데 '5분 늦는다'고 하면 그 자리에서 기다려도 된다는 판단을 내릴 수 있다. '30분 정도 늦는다'고 하면 근처 서점에서 보고 싶었던 책을 둘러볼 수도 있다.

그렇지 않고 얼렁뚱땅 넘어가는 식으로 표현을 하면 받아들이는 쪽에서는 자기 나름으로 해석하기 때문에 왜곡이 생길 수밖에 없다.

빠르게 행동하는 사람은 평소에 구체적으로 말한다. 예를 들어 마감 시간을 정할 때 두루뭉술한 표현을 쓰면 상대방은 '언제까지 하라는 거야?' 하며 의아해할 가능성이 높다. 의뢰를 받은 사람도 준비나 절차가 필요한데, '언제까지'라고 구체적으로 말해줬을 때 상대방도 그에 맞게 행동할 수 있다.

모호한 표현을 쓰면 상대방에게 와 닿지 않기 때문에 상대를 움직이는 데 효과적이지 않다. 게다가 이런 표현은 강제력도 없기 때문에 자신을 채찍질하는 효과도 없다.

"조금만 기다려주세요."

여기서 '조금만'은 사람에 따라 다르게 받아들이는 표현이다. 5분도 조금이고, 상황에 따라서는 30분이나 1시간도 조금이 될 수 있다.

그러나 "30분만 시간을 주세요"라고 하면 당사자도 그 안에 어떻게든 해야겠다는 강제력이 발생한다. 다시 말해 반드시 해야 할 상황이라고 자신을 채찍질하는 것이다.

회사에서는 팀장이 팀원들에게 두루뭉술한 표현으로 지시를 내리는 경우가 흔하다.

"다음 주 미팅 자료 제출해줘."

이렇게 지시를 받았다면 '대체 언제까지 달라는 거야?' 하는 생각이 들 것이다. 다음 주 월요일에 보내라는 것인지, 아니면 금요일까지 보내라는 것인지 불분명하다.

이런 식으로 기한이 명확하지 않은 일에는 의욕이 생기지 않는다. 더구나 아랫사람 입장에서 볼 때 모호한 표현은 불안하거나 초조하게 만드는 원인이 된다.

가령 사장이 '다음 주에 프레젠테이션 준비를 마쳐라!' 하고 지시했다면 정확한 기일을 모르니 어떤 식으로 일을 진행해야 할지 답답해진다. 업무를 순조롭게 진행하기 위해서도 두루뭉술한 표현은 쓰지 말자.

NOT TO DO 20

스마트폰을 가방에 넣고 다니지 마라

요즘에 다양한 분야의 사람들과 일하면서 느낀 점이 있다. 빠르게 판단하고 적극적으로 행동하는 사람들은 회의를 할 때 스마트폰을 호주머니나 가방에 넣어두지 않고 반드시 테이블 위에 올려둔다는 사실이다.

회의에 관심이 없어서 그런 건 당연히 아니다. 그들은 대화를 나누다 모르는 말이 나오면 그 자리에서 검색을 한다. 스마트폰을 활용해서 회의의 질을 높이는 것이다.

해당 내용을 검색하다 보면 그 사람에게 들은 정보 말고 다른 내용을 알게 될 수도 있다. 상대는 접점을 만들기 위해 필요한 정보만 말했을 가능성이 있지만, 다른 부분에서 접점이 추가될 수 있으니 그렇게 행동하는 것이다.

얼마 전 이런 일이 있었다. 미국의 초대형 만화출판회사인 IDW 출판사의 임원이 일본을 찾았을 때, 일본의 만화 콘텐츠를 미국시장에 널리 알리고 싶다며 열변을 토했다.

그래서 나는 일본의 애니메이션 제작회사 사장을 그에게 소개했다. 그러자 그 임원은 "우리 회사는 지금까지 이런 작품을 만들었습니다" 하며 사장에게 소개하기 시작했다. 이에 사장은 스마트폰으로 그 회사의 사이트를 체크하다가 "이런 작품도 만들었네요!" 하면서 눈에 들어온 다른 작품 이야기를 꺼냈다.

그때부터 이야기가 빠르게 진전되어 둘 다 만족스럽게 대화를 이끌어갈 수 있었다. 그 뒤 일본의 제작회사 사장은 IDW 출판사에 다량의 콘텐츠를 제공하여 미국시장에 진출하는 발판을 만들었다는 소식을 들었다.

그때 만약 사장이 그의 말을 듣기만 했다면 그 정도로 진전되지는 않았을 것이다. '백문이 불여일견'이라는 속담도 있듯이, 상대의 정보에 관심이 생겼을 때는 그대로 두지 말고 직접 한 발짝 내디뎌 알아보라.

의외의 공통점이 있기도 하고 공동으로 할 수 있는 사업 아이디어가 보일지도 모른다.

신규거래를 위해 해당 기업의 담당자를 만났을 때, 대화를 나누면서 말로 미처 전달하지 못하는 내용을 이런 식으로 스마트폰 검색을 하면 의외의 정보를 알아낼 수 있으니 일석이조가 된다.

대화가 생각지 못한 방향으로 흘러갈 때도 있다. 사전에 준비해둔 자료만 가지고는 미처 대응하지 못하는 일도 있을 것이다. 이때 자사의 SNS나 유튜브 정보를 상대방에게 보여줌으로써 설득력을 높일 수 있다.

이런 장점들이 있는데 스마트폰을 만지면 결례가 될 줄 알고 가방에 가만히 넣어두는 건 너무 아깝지 않은가? 요즘은 이런 일이 비즈니스 상담의 필수적인 요소가 되었기 때문에 결례는커녕 적극성을 보여주는 일이기도 하다.

회의의 효율을 높이기 위해서라도 궁금한 점이 생기면 나중으로 미루지 말고 그 자리에서 당장 찾아보는 습관을 만들자.

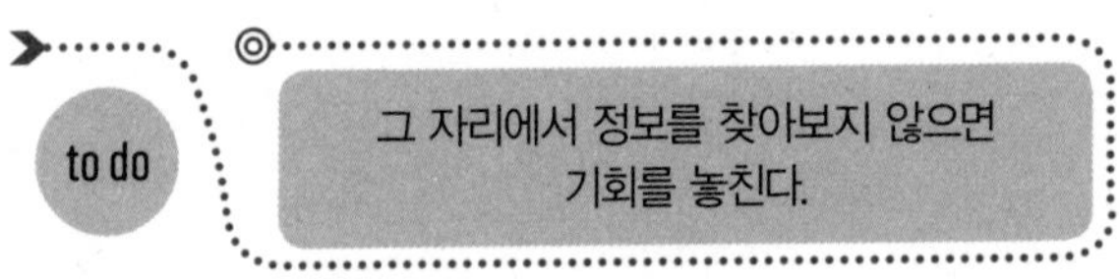

NOT TO DO 21

7명 이상 모인 회의에는 들어가지 마라

회사에서 직원들이 일하면서 반드시 필요한 것 중의 하나가 회의이다. 그런데 직원들은 매번 회의에 참석하는 목적이나 의미를 명확히 알고 있을까? 일단 참석하긴 하지만 이유와 목적이 불분명해서 의구심이 드는 회의도 적지 않을 것이다.

회의에 참석해서 남의 의견을 건성으로 듣다가 시간만 때우고 나오는 것만큼 시간 낭비는 없을 것이다. 어떤 회의는 윗사람의 일방적인 의견만 듣고 있다 나올 때도 있는데, 이런 식이라면 회의 자체가 필요 없다고 할 수 있다.

나는 회의 주제와 참가자, 인원수를 먼저 확인하고 나서 생산성이 낮을 것 같은 회의는 아예 참석하지 않는다. 특히 참석자가 많은 회의는 효율성이 떨어지기 때문에 되도록 들어가지 않으려고 노력한다.

애초에 회의는 서로 의견을 내고 앞으로 어떻게 할지 의사 결정을 하는 자리이다. 그렇다면 의견을 내지 않는 사람이 굳이 그 회의에 꼭 참석할 필요가 있을까?

회의의 생산성을 높이려면 명확한 목적과 그럴 수 있는 분위기가 중요하다. 따라서 참석자 수가 많을수록 개인의 발언 기회는 줄어들고, 한 명의 말이 지나치게 많으면 그만큼 발언하지 않는 사람이 늘어나 생산성이 떨어진다.

만약 4명이 회의를 한다면 저마다 참여하는 이유가 있을 테니 회의 진행에 대한 책임감이 높아진다. 그러나 회의에 참석하는 사람이 많으면 굳이 없어도 되는 사람까지 나올 가능성이 높아진다.

참석자 수가 적어야 각자 목적의식을 갖고 회의에 참여하므로 단시간에 군더더기 없이 마칠 가능성이 높다. 회의가 지루하게 이어지는 원인은 참석자 수가 너무 많아서 목적의식이 낮은 사람도 많기 때문이 아닐까?

나는 아주 중요한 일이 아니라면 7명 이상이 참석하는 회의나 식사 모임에는 가지 않으려고 노력한다. 미국의 경영 컨설턴트 마이클 맨킨스Michael Mankins는 저서《조직의 생산성을 최대화하는 매니지먼트Time, Talent, Energy》에서 이렇게 말했다.

"회의 참가자가 7명부터 한 사람씩 늘어나면 현명한 판단을 내릴 가능성이 10퍼센트씩 떨어진다."

왜 그럴까? 회의 때 놓인 탁자나 레스토랑의 테이블을 떠올려보면 일반적으로 최대 6명이 앉을 수 있다. 6명이 앉은 테이블에서는 각 모서리에 앉은 사람의 목소리도 들리기 때문에 대화를 효과적으로 나눌 수 있다.

그런데 7명 이상이 앉는 넓은 테이블은 어떤가? 모서리에 앉은 사람끼리는 거리가 멀기 때문에 참여 의식이 떨어지고 만다.

이런 자리는 대화가 진행될수록 집중도가 떨어져서 불과 두세 사람만 대화를 이어나가고 나머지 사람은 회의의 들러리가 된다.

행동력이 강한 사람은 이런 점을 사전에 감안해서 굳이

참석할 필요가 없는 회의를 구분한다. 쓸데없이 시간낭비를 할뿐더러 부질없이 에너지를 소모하는 일은 멀리하기 때문이다.

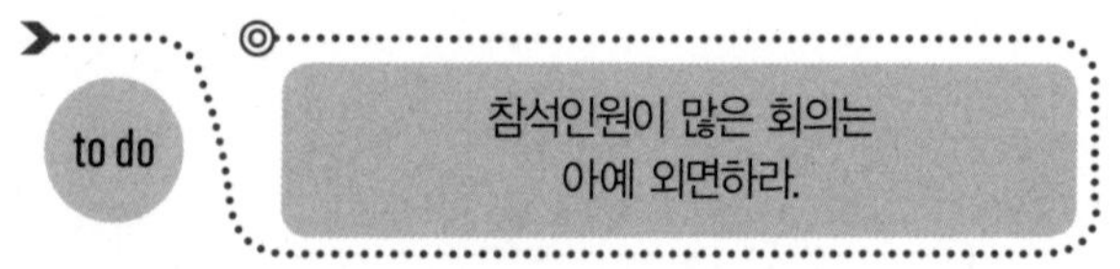

NOT TO DO 22

'PDCA'에 얽매이지 마라

'PDCA'라는 말을 알고 있는가? 계획을 세우고Plan, 행동하고Do, 평가하고Check, 개선한다Act는 뜻으로 비즈니스 활동에서 생산 및 품질 등을 관리하는 방법을 말한다.

그런데 일본 기업들과 거래하는 외국의 바이어들이 자주 하는 말이 있다. 일본에서는 PDCA를 지나치게 중시하는 탓에 좋은 계획이 완성될 때까지 너무 지체되거나 아예 움직이지 못하는 경향이 많다는 것이다.

이런 지적은 일본 기업들이 지나치게 철저하게 정보를 모아 시뮬레이션을 하고 계획을 세운 다음에 리스크를 여러 가지로 따지면서 일하는 경향이 있다는 얘기다.

아마 이런 지적에 반론을 제기할 일본 기업인들은 별로 없을 것이다. 더 좋은 결과를 얻기 위해 완벽한 계획이 완성될 때까지 '이것도 아니야, 저것도 아니야' 하며 생각이 많아지면 결국 행동으로 옮기지 못한 채 끝나고 만다.

교과서에 적힌 내용이나 자기의 지식과 경험에 충실해서 완성도가 높은 일만 추진한다면 신사업 같은 건 꿈꿀 수조차 없다.

정보 수집을 할 때 과거의 데이터나 타사의 성공 사례 등은 분명히 참고가 되지만, 변화 속도가 빠른 현대에는 어제의 성공이 오늘의 실패가 되기도 한다.

과거의 사례를 바탕으로 아무리 좋은 계획을 세운다 해도 상황이 바뀌면 잘되지 않을 가능성도 있다. 그래서 행동력이 강한 사람들은 PDCA의 모든 과정을 골고루 감안해서 계획을 세운다.

인생이란 원래 계획대로 되지 않는 법이다. '인생은 계획보다 우연의 연속'이라는 말도 있지 않은가. 나는 지리멸렬한 청소년기를 보내다 서점에서 우연히 발견한 일본항공 회장 이나모리 가즈오稲盛和夫 씨의 《인생과 경영人生と経営》이라는 책을 보고 마음을 다잡았다.

"성공한 사람은 태어날 때부터 성공한 게 아니라 역경을 딛고 성취를 이룬 것이다. 성공하는 사람과 그렇지 않은 사람의 차이는 종이 한 장이다. 성공하지 못한 사람에게도 열의가 없는 것은 아니다. 실패하는 사람은 벽에 부딪혔을 때 온갖 핑계를 찾아서 노력하는 것을 그만둬버린다. 자신의 운명은 자신이 관리하라. 그렇지 않으면 누군가가 당신의 운명을 결정해버린다."

다른 사람과 만나는 것도 마찬가지다. 만남은 결코 계획대로 이루어지지 않는다. 친구가 불러서 억지로 참석한 술자리에서 우연히 옆자리에 앉은 여성이 평생의 파트너가 되는 일도 있지 않은가.

당신이 지금까지 어떤 길을 걸어왔는지 돌아보자. 인생에서 계획보다 우연이 훨씬 더 많은 비중을 차지할 때가 분명이 있다. 무슨 일이든 행동 없이는 우연도 없다. 바로 행동하는 사람은 D[행동]를 했을 때 비로소 P[계획]를 세운다.

Esc

인간은 혼자서는 살 수 없다. 그만큼 인간관계가 우리 일상에 끼치는 영향은 매우 크다는 의미다. 그러나 너무 인간관계에 매여서 속수무책으로 휘둘리면 행동력을 발휘하기가 힘들다. 따라서 타인의 힘과 지혜를 활용하는 법을 배울 필요가 있다.

제3장

하지 말아야 할
_ 인간관계

☑ NOT TO DO 23

타인에게 기대하지 마라

빠른 판단과 적극적인 행동력을 발휘하는 사람은 애초에 타인에게 기대를 하지 않는다. 예를 들어 '이 사람에게 무엇을 해달라고 부탁할까?' 하는 생각은 아예 품지 않는다는 것이다.

그들은 남들이 해주기 전에 자기가 하는 편이 빠르고 정확하다고 생각한다. 타인의 힘을 기대하면 자신이 제어할 수 없는 존재에 마음을 맡기게 되는 것이니 아무리 친한 사람도 내 의지대로 움직여주지 않는다는 걸 아는 것이다.

물론 남에게 의존해서 편할 수 있으면 편한 게 좋다. 사실 인간의 문명도 그렇게 발전해왔다. 편리한 상품이나 서비스가 생긴 이유는 사람들이 되도록 몸을 움직이지 않으려는 심리, 귀찮은 일을 하지 않고 거저 얻고 싶은 욕망 때문에 생긴 것들이다.

하지만 내가 할 일을 남에게 의존하는 습성이 고착되면 이것은 곤란하다. 그 대신 남의 힘에 기대지 않고 내가 할 수 있는 일에 초점을 맞추면, 이는 내 삶의 깊이와 넓이를 위해 커다란 자산이 된다.

다른 사람에 대한 기대감을 버리면 나의 뇌는 준비하는 모드로 돌입한다. 그렇게 준비가 되어 있으면 어떤 형태의 돌발사고가 생겨도 우왕좌왕하는 일이 없다. 언제든 상황에 맞게 작동하도록 준비되어 있기 때문에 자기 의지대로 착착 일을 진행해 나갈 수 있다.

그러나 반대로 남에게 의존하는 습관에 젖어 있으면 불시에 일어나는 일에 미처 준비가 되어 있지 않아 상황에 휘둘리며 갈피를 잡을 수 없게 된다.

이것은 자기 인생에 주도적인 태도를 갖느냐, 아니면 피동적인 입장에 서느냐의 문제로 이어진다. 자기 삶을 스스로의 힘으로 컨트롤하는 지휘자가 될 것인지, 아니면 타인에게 의존해서 종속적인 관계를 맺을 것인지는 자기 자신에게 달려 있다는 얘기다.

직장인 사회를 들여다보면, 의외로 피동적인 사람이 많은 걸 발견하게 된다. 그들은 무슨 일을 하더라도 정해진 시간 내에 윗사람이 시키는 일만 겨우 해낸다.

나는 직업상 기업의 임원들과 자주 만나는데, 그들이 이구동성으로 하는 말이 있다. 요즘 젊은이들은 돌발 상황에 맞서는 전투력이 부족하다는 것이다.

남보다 앞서가는 인재가 되려면 자기 삶에 주어진 문제들에 적극적으로 맞서는 태도가 필요하다는 얘기다. 이 기회에 당신은 어느 쪽인지를 생각해보기 바란다.

☑ NOT TO DO 24

입바른 소리를 하지 마라

행동력이 있는 사람은 주위 사람들을 잘 끌어들인다. 이들은 타인을 움직이거나 부탁하는 방법을 잘 알고 있다는 뜻이다. 혼자서 할 수 있는 일에는 한계가 있기 때문에 타인을 끌어들이면 큰일에 도전할 수 있다.

이들의 특징 중에서 가장 두드러진 점이 바로 대화법이다. 한마디를 하더라도 상대에게 만족감을 주는 말솜씨를 가지고 있다는 얘기다.

이들은 특히 입바른 소리만 가지고는 타인을 움직일 수 없다는 사실을 잘 알고 있다. 그러므로 입바른 소리를 해서 함부로 타인을 가르치려고 하지 않는다.

타인이 내 뜻대로 움직여주기를 바란다면, 무조건 옳은 말만 늘어놔봤자 소용이 없다. 인간은 감정의 동물이기 때문에 이론과 감정 사이에서 갈팡질팡하다가 결국 감정이 이길 때가 많다. 머리로는 이해하는데 마음이 따르지 않는 것이다.

그도 그럴 것이, 로봇이 아닌 이상 늘 이론적인 판단을 내리기란 어렵다. 논리적으로는 옳은 말이겠지만 감정적으로는 옳지 않은데, 그런 경우가 부지기수다.

"왜 그런 거야! 이건 누가 봐도 이상하잖아!"

상사에게 이런 말을 들었을 때 논리적으로는 맞는 말인데도 마음이 움직이지 않은 적이 있지 않은가?

'내 기분도 모르면서…… 내 말은 들으려고 하지도 않으면서…….'

이렇게 오히려 반발심만 키우는 꼴이 되지는 않았는가?

나는 예전에 항상 올바른 말만 하겠다는 집착에 떠밀려 내가 생각하는 것을 주위 사람들에게 무조건 강요한 적이 있다. 남들보다 더 많이 공부해서 지식을 쌓은 내가 하는 말이 다 맞으니 이래라저래라 남에게 함부로 간섭한 것이다. 하지만 그럴수록 좋은 리더에서 점점 멀어진다는 사실을 나중에 알게 되었다.

그렇다고 나 자신도 매사를 논리적으로 정하는 건 아니다. 집에 가서 공부를 하려는데 낮에 있었던 기분 나쁜 일이 생각나면 도무지 공부할 마음이 들지 않는다. 해야 된다는 건 알지만 그날만큼은 하고 싶지 않을 때도 있다.

나 자신을 돌아봤을 때 입바른 소리만으로는 타인의 마음을 움직일 수 없다는 사실을 깨달았다. 남을 움직이려면 옳은 말만 해서 설교를 하기보다는 남의 말에 귀를 기울이는 것이 더 중요하다.

상대방의 이야기에 귀를 기울이고 들어주어야 신뢰 관계가 형성되기 때문이다. 신뢰 관계가 없으면 아무도 나의 말을 들어주지 않는다. 그러니 먼저 남의 이야기에 귀를 기울이자.

그런 다음 상대방의 마음이 하는 소리, 다시 말해 감정에 귀를 기울이자. 무조건 강압적인 태도가 아니라 "요즘 어떻게 지내?" 하는 질문으로 대화 기회를 늘리면서 "난 이렇게 생각하는데, 너는 어때?" 하는 식으로 접근해야 타인을 움직이고 주변 사람들을 끌어들일 수 있다.

'내 생각은 옳다. 나는 틀리지 않았다'고 생각하는 마음도 중요하다. 그러나 논리적으로 옳다는 결론을 내려도 감정적으로도 꼭 옳다는 법은 없다. 그리고 상대방에게는 옳지 않은 경우도 있다.

'왜 이해를 못하는 거야?'라는 생각이 들었을 때는 자신의 주장을 꽁꽁 숨겨두고 상대방의 감정을 먼저 이해하자.

NOT TO DO 25

섣불리 아는 척하지 마라

행동력이 강한 사람은 아는 척을 하지 않는다. "이거 알아?" 라고 다른 사람이 질문을 했다. 만약 그것을 잘 모를 때, 행동하는 사람은 그 자리에서 "그게 뭔데요? 제가 잘 몰라서……" 하며 솔직히 대답한다. 그게 뭔지 몰라도 일단 안다고 대답하고는 나중에 몰래 인터넷으로 찾아보지 않는 것이다.

모르면 모른다고 그 자리에서 바로 말하지 않으면 이야기가 진행되면서 점점 쫓아가기 힘들어질뿐더러 나중에는 더 물을 수 없는 상황이 된다.

업무를 진행할 때 그런 상황이 생기면 자신이 대체 무엇을 해야 하는지 막막해진다. 그래서는 당연히 행동으로 옮길 수 없는 진퇴양난의 상황에 빠진다.

그뿐이 아니다. 나중에 찾아보겠다고 해놓고 결국 그냥 넘어가는 일이 허다하다. 그 자리에서 모른다고 하면 바로 새로운 지식을 얻을 수 있는데, 그 기회를 놓치는 셈이다.

이렇게 말하는 나도 예전에는 꽤나 아는 척을 했었다. 케임브리지 대학원 졸업이라는 타이틀 때문에 주변에 '머리가 좋은 사람'이라는 이미지가 굳어 있었던 탓이다. 그래서 모르면 모른다고 솔직하게 말하지 못했다.

얼렁뚱땅 상황을 모면하는 이야기만 하고 구체적인 의견을 내지 못해서는 기회를 잡을 수 없다. 나중에 알아봐야지 하고 생각해도 쫓기듯 일하는 사이에 잊어버리고 만다.

일을 하다 보면 남에게 받은 의뢰나 지시가 불완전할 때도 있고, 막연할 때도 있을 것이다. 그럴 때 즉시 의뢰인에게 묻지 않고 나중에 스스로 해결하려고 하면 머리를 쥐어짜느라 일이 진척되지 않는다.

구체적으로 뭘 해야 될지 모를 때는 결국 뒷전으로 미루게 되니 좋을 일이 하나 없다. 솔직하게 그 자리에서 물어

봤으면 의문점이 깔끔하게 사라질 텐데 말이다.

의문점이 생긴 시점에 바로 물어보면 되는데, 묻지 못한다는 것은 바로 질문을 못하는 상태에 있다는 뜻이다. 이 상태를 해소하기만 해도 의견을 더 깊게 나눌 수 있는데 스스로 그 기회를 발로 차버리는 셈이다.

이 사실을 깨닫고 나니 그때 했던 내 행동이 정말 아쉬웠다. 그 후로는 이런 다짐을 하게 되었다. 모르는 것은 모른다고 바로 말하고, 궁금한 점은 그 자리에서 바로 해소하자고 말이다.

함부로 아는 척을 하지 말자. 모르는 것은 절대 나중으로 미루지 말자. 일을 진행하거나 자신이 성장하기 위해서도 그때그때 솔직하게 말하고, 해결하는 게 중요하다.

NOT TO DO 26

타인의 속마음을 깊게 읽으려 하지 마라

"사실이란 존재하지 않는다. 해석만이 존재할 뿐이다."

니체가 남긴 명언이다. 타인의 마음속을 지나치게 해석하는 것이 행동을 둔하게 만드는 원인의 하나가 아닐까?

"그렇게 정중하게 메일을 보냈는데 달랑 한 줄짜리 답장이 왔다."

이렇게 생각하면 마음에 원망이 쌓이고, 그러면 이때부터 상대의 마음을 예단하거나 억측하는 일이 벌어진다.

사람은 누구나 사랑받고 싶어 한다. 미움을 받으면 자신이 부정당하는 기분이 들어서 마음이 편치 않다. 그래서 그런지 매일 다양한 사람들과 얽히면서 상대방이 자신을 어떻게 생각하는지 신경 쓴다. 특히 요즘은 현실과 가상이 섞이면서 더 복잡해졌다. SNS를 통하면 직접 만나지 않아도 친구나 동료와 접촉할 수 있다. 그래서 타인과 연결된 시간이 전보다 더 늘었다.

즉시 행동하는 사람은 '한 길 사람 속은 알 수 없는 것'이라고 판단하여 자신이 할 수 있는 일에만 최선을 다한다. 결국 할 수 있는 일은 그것뿐이라는 사실을 알기 때문이다.

일을 할 때도 마찬가지다. 신상품을 개발했는데 "이건 대박이야! 날개 돋친 듯 팔릴 거야!"라며 자신만만하게 시장에 내놨더니 아쉽지만 감감무소식일 때도 있다.

남의 마음속은 결국 아무도 모르지만, 완전히 무시하라는 말이 아니라는 사실을 명심하길 바란다. 어느 정도 추측은 하지만 그 이상 상대의 마음을 읽으려고 하지 마라.

그럴 시간에 행동으로 옮겨라. 그런 다음 상대의 반응을 보고 궤도를 수정하면 된다. 이 방법밖에 없다.

내가 SNS에 올린 내용에 대해 '좋아요'를 눌러주지 않는 사람이라도, 직접 만나면 "요즘 그런 일이 있었다면서요?" 하며 언급을 하거나 "그거 진짜 엄청나던데요?" 하며 칭찬

해주기도 한다. 그들 나름으로 관심이 있기는 하지만 애써 표현하지는 않는 것이다.

상대방이 나에 대해 어떤 이미지를 갖고 있는지 마음대로 상상하고는 불안한 마음에 나쁜 쪽으로 넘겨짚으면 서로 악감정만 쌓이게 된다.

자신감이 없는 사람일수록 타인을 '네 편'인지 '내 편'인지 극단적으로 분류하려고 한다. 타인의 마음속을 지나치게 해석하려고 하니 이런 '비극'을 초래하는 것이다.

피치 못할 사정이 있었을지 모른다. 아팠을지 모른다. 안 좋은 일이 있었을지 모른다. SNS에 신물이 났을지 모른다. 이런 식으로 생각하면 상대에 대한 지나친 집착은 사라지게 된다.

자신이 할 수 있는 일에만 의식을 집중하자. 남을 신경 쓰지도 말고 상대의 마음속을 지나치게 해석하려고도 하지 마라. 타인은 제어할 수 없기 때문이다.

☑ NOT TO DO 27

정보만 가지고 사람을 판단하지 마라

인터넷은 물론이고 방송이나 신문, 잡지 등에서 소개하는 정보들이 전부 옳다는 생각은 버리자. 그런 매체를 통해 사실도 아닌 많은 정보, 가짜 정보들이 사실인 양 보도되는 오늘이다.

나는 고등학교 1학년 때 그런 사실을 배웠다. 당시 나는 집단 난투 사건을 일으켜 정학과 자택 근신 처벌을 받았었는데, 사실 이 사건은 50명이 넘는 사람들이 병원으로 이송될 만큼 큰 사건이었다.

그때 나도 입원을 했는데, 병실 텔레비전으로 보도되는 뉴스를 보고 입이 다물어지지 않았다. 뉴스에서는 내가 상대방을 으슥한 골목에서 기다리다가 용의주도하게 공격해서 싸움이 난 것처럼 보도되었는데 사실이 아니었다.

그건 학생들끼리 만나 몇 마디 말싸움 끝에 돌발적으로 발생한 싸움이었다. 혈기왕성한 10대들이라 서로 분노를 억제하지 못해서 일어난 일이었다. 그런데도 마치 내가 평소부터 남을 괴롭혀온 악질 불량배처럼 보도되어 울화통이 터졌다.

이튿날 조간신문에 사건을 다루는 기사가 실렸는데 역시 사실과 다르게 나온 기사를 읽은 사람들은 내가 천하의 못된 녀석이라고 생각했을 것이다.

그때는 슬픔과 분노로 가득 차 있었는데, 지금 돌이켜보면 그때 빨리 세상을 알게 되어 내 인생에는 득이 되었다. 우리는 매일 수없이 많은 정보를 접하는데, '어디까지나 누군가의 필터를 거쳐 나온 왜곡된 정보'라는 사실을 잊어서는 안 된다.

타인과 어울릴 때도 조심해야 한다. "저 사람은 이런 사람이래. 옛날에는 그런 일을 했대." 자주 주위 사람들에게 이런 이야기를 듣게 된다.

나는 괜한 편견을 가지면 색안경을 끼고 상대방을 보게 되기 때문에 "그런가요" 하며 참고만 하고 넘긴다. 그리고 실제로 그 사람과 만나서 내가 직접 생각하고 판단하려고 노력한다. 만나서 어떻게 느끼는지는 온전히 나에게 달렸다. 아니다 싶으면 그만 만나면 되고, 긍정적으로 느꼈으면 계속 어울리면 된다.

이름이 알려지면 사람들에게 질투를 받는 일도 늘어난다. 내버려두면 좋지 않은 정보가 소리 소문 없이 돌아다닐 때가 있다. 특히 연예인이나 운동선수의 불륜이나 약물 사건이 그렇다.

물론 근거가 되는 사실이 있으면 믿겠지만, 나는 사람을 정보만 가지고 판단하다가는 자신의 가능성까지 무너뜨릴 수도 있다고 생각한다.

SNS를 둘러보면 연예인이나 운동선수에 대한 안 좋은 보도를 신봉하며 험한 말을 내뱉는 사람이 많은데, 그런 사람들은 정보를 제대로 접하는 법을 모르는 것 같아 가만히 두고 볼 수가 없다.

무엇보다 정보만으로 판단하는 것은 정말 안타까운 일이

다. 상대방이 어떤 사람인지 판단하려면 타인의 정보가 아니라 자신의 감각을 믿어야 한다. 일단 만나본다는 행동이 필요하다. 정보를 신봉해서는 안 된다.

NOT TO DO 28

불필요한 회식에는 참석하지 마라

행동력이 강한 사람들은 기본적으로 아무 회식에나 가리지 않고 참석하지 않는다. 회사에 대한 불평만 가득한 자리, 상사에게 아부하는 자리, 아무도 관심 없는 이야기나 자랑을 늘어놓는 자리…….

당신 주변에도 이런 자리가 많을 것이다. 그런 자리에 참석하면 소중한 시간을 여지없이 빼앗기고 만다. 일단 참석하면 빠져나오기가 쉽지 않고, 그렇다고 계속 죽치고 앉아 있자니 숨이 막힐 지경이다.

나는 불평이나 자랑만 늘어놓는 사람이 모이는 자리에는 아예 가지 않는다. 누가 올지 알 수 없는 자리도 기본적으로는 가지 않는다. 딱히 재미도 없는데 즐거운 척하며 엉덩이를 붙이고 있는 것은 일종의 고문이다.

그런 생각은 불평불만이 많은 사람과 어울리지 않도록 해야 한다는 신념 때문이다. 그들과 같이 있어봤자 배울 점은 하나도 없고, 그야말로 시간 낭비다.

그래도 꼭 대화를 나눠보고 싶은 사람이 오는 자리에는 일단 참석할 때도 있다. 그러다가 화제가 내가 원하는 방향으로 흐르면 계속 자리를 지키지만, 이상한 방향으로 치달으면 적절한 타이밍에 빠져나온다.

사실 회식에 참석했을 때 중간에 '재미없다, 집에 가고 싶다'라는 생각이 들어도 빠져나오기가 쉽지 않은 게 현실이다. 이런 분위기는 직장생활을 하면서 특히 더 심한데, 그렇더라도 용기를 내어 빠져나가야 할 이유를 만들어 어떻게든 자리를 피하는 게 상책이다.

나는 당연히 2차는 가지 않는다. 1차가 끝나고 집에 가고 싶은데 분위기에 휩쓸려 늦게까지 남는 사람이 많다. 그래봤자 술을 더 마시며 남의 불평불만을 들어주는 일밖에는 없으니 적당한 선을 넘지 않는 지혜가 필요하다.

회식을 거절하거나 중간에 빠져나오는 일에 불안감이나 죄책감을 느낄 필요는 없다. 평소 할 일만 제대로 하고 회사에 공헌하고 있다면 당당해도 좋다.

그리고 매번 적당한 타이밍에 "이제 그만 안녕!" 하고 말하면 늘 그런 사람이라는 이미지가 굳어져서 더 이상 트집을 잡는 사람도 없게 된다.

만약 "저 친구, 사회생활 참 못하네!" 하고 말하는 사람이 있어도 신경 쓸 필요가 없다. 회식에 참가하는지 여부로 당신을 평가하는 사람에게 일부러 잘 보일 필요가 없기 때문이다.

to do

사회생활 못한다고
핀잔주는 사람은 무시하라.

Esc

아리스토텔레스는 “사람은 반복 행동의 집대성이다. 따라서 우수함이란 단 한 번의 행위가 아니라 습관의 산물이다”라고 말했다. 습관이란 우리 인생의 기틀 같은 것으로 그 힘을 무시하면 안 된다. 그런 의미에서 행동하는 힘도 습관에서 비롯되지 않았을까? 이 장에서는 자신의 습관을 되돌아보고 하지 말아야 할 일을 점검하도록 하자.

제4장

하지 말아야 할 _ 습관

☑ NOT TO DO 29

절대 늦게 잠들지 마라

행동력이 강한 사람은 몸이 자본이라는 사실을 잘 알고 있다. 몸이 아프거나 머리가 잘 돌아가지 않으면 의욕이 감퇴한다. 그래서 밤늦게까지 깨어 있지 않고 규칙적인 수면을 지키려는 노력을 한다.

행동이 빠르려면 뇌의 컨디션을 조절해야 한다. 잠을 충분히 자지 않으면 몸이 무거워져서 일을 뒤로 미루게 되는 원인이 된다. 체력이 능력 그 자체라는 표현이 있는데, 나는 이 말이 진리라고 생각한다.

앞에서도 말했듯이 아침에 일어나고 두세 시간이 지난 다음이 뇌의 골든타임이다. 이때의 뇌는 지난밤 수면을 취하는 사이에 정리 정돈이 되어 기상을 했을 때는 정비된 그라운드처럼 깨끗한 상태다.

그러나 늦은 밤까지 깨어 있으면 뇌가 깨끗한 상태로 아침을 맞이할 수 없다. 흐리멍덩한 상태로 맞이하는 하루는 그날 전체를 흐릿한 정신으로 일하게 만든다.

빠르게 행동하는 사람들은 자신을 제어한다는 감각을 중요하게 여긴다. 불규칙한 생활 리듬으로는 그 감각을 유지할 수 없다는 사실을 알기에 스스로를 컨트롤하는 것이다.

머리가 잘 돌아가지 않을 때에도 '해야 돼' 하며 자신을 몰아붙이면 스트레스가 쌓인다. 그 결과 자기효능감이 저하되고 의욕이 뚝 떨어진다.

자기효능감이란 '나는 할 수 있어'라고 생각하는 마음이다. 다시 말해 자신의 상황이나 감정이 제어될 때 느끼는 것으로, 이것이 떨어지면 의욕도 같이 떨어진다.

또한 사람은 자신을 제어하고 있다는 감각을 잃어버리면 자신감도 같이 사라진다. 자신감을 잃으면 소극적인 사람이 된다. 소극적인 사람치고 긍정적인 마음으로 살아가는 경우는 드물다. 그러면 일이 잘될 리가 없다.

나도 예전에는 무슨 일을 해도 잘 안되고, 바른 생활과 거리가 멀었으며 자신감을 갖지 못한 채 소극적으로 살았다. 그러다 고등학교 3학년 때 마음을 다잡고 수험 공부를 하기 위해 자정에 취침하고 아침 5시에 기상하기로 마음을 먹었다.

내가 정한 시간에 자고 일어났더니 '무슨 일을 해도 잘 안돼'라는 마음에서 '하면 된다'라는 마음으로 바뀌었고, 결국 적극적으로 공부하는 태도로 이어졌다. 영국의 소설가 아놀드 베넷Arnold Bennett은 이런 말을 했다.

"아침에 눈을 뜬다. 그러면 신기하게도 당신의 지갑에는 빳빳한 24시간이 가득 채워져 있다."

여기서 말하는 '빳빳한'이라는 표현이 나는 마음에 든다. 마치 은행에서 방금 찾은 신권처럼 누구의 손때도 묻지 않은 새로운 시간이 내 앞에 주어졌다는 뜻이다. 그 시간을 어떻게 채울 것인가 하는 문제는 순전히 자기의 몫이다.

밤에 늦게 자면, 당연히 수면 효과가 절반으로 뚝 떨어진다. 아침에 전철에서 꾸벅꾸벅 조는 사람은 수면이 충분하지 않아 뇌가 아직 피곤한 상태일 것이다. 그러면 자신의 뇌가 가진 가능성을 최대로 발휘할 수 없다.

충분한 수면은 이튿날 아침을 디자인하는 첫걸음이다. 기분 좋은 아침을 맞이하면 의욕이 충만한 하루를 보낼 수 있다. 반면에 잠만 오고 의욕이 나지 않으면 아침부터 시동이 걸리지 않고 기분도 다운될 것이다. 뇌의 컨디션을 정비하여 가능성을 최대로 발휘하기 위해서도 일찍 자는 습관을 들이자.

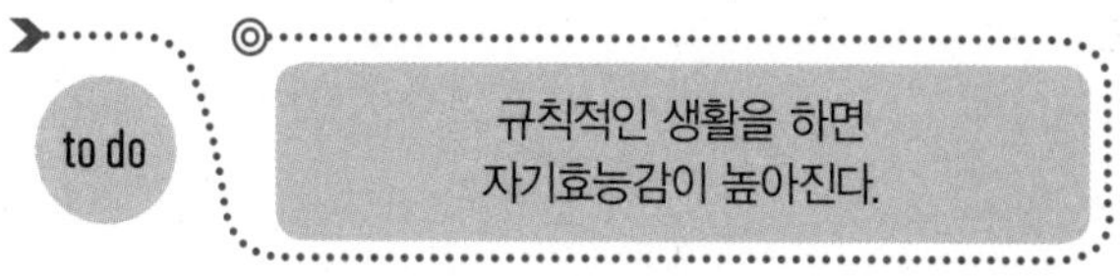

☑ NOT TO DO 30

자기 전에 술을 마시지 마라

행동력이 강한 사람은 수면을 매우 중시한다. 양질의 수면을 취한 다음 날은 몸과 마음에 에너지가 흘러넘치기 때문에 일할 의욕이 넘친다는 사실을 경험으로 잘 알고 있기 때문이다.

반면에 수면의 질이 좋지 않으면 아침부터 몸이 무겁고 머리도 멍하고 의욕도 생기지 않는다. 뭔가 고민이 있어 밤새 뒤척이다가 새벽녘에야 잠깐 눈을 붙인 다음에 일어났을 때를 기억해보라. 의욕은커녕 사우나라도 가서 푹 쉬고 싶은 마음만 굴뚝같을 것이다.

질 좋은 수면을 취하려면 몇 가지 주의할 점이 있다. 수

면은 생리 현상이므로 먼저 생리적인 반응을 제어할 필요가 있다. 그중에서도 특히 알코올 섭취에 유의해야 한다.

취침 직전에는 술을 마시지 않도록 하자. 알코올 때문에 심박수가 올라가서 호흡이 거칠어진다. 또한 새벽에 화장실에 가고 싶거나 탈수 증상이 생길 수도 있다.

그렇지 않아도 수면 중에는 수분이 빠져나가서 자기 전에는 수분 공급이 필요한데 술은 체내의 수분을 빼앗고, 자칫하다가는 감기에 걸리는 등 컨디션이 무너지는 원인이 되기도 한다.

자기 전에 음주를 하면 깊이 잠들지 못하기 때문에 충분히 잤는데도 몸이 축 늘어진다. 운이 나쁘면 하루 종일 몽롱한 상태로 일하게 되고, 이러다 윗사람에 불려가기라도 하면 근무자세가 형편없다고 질책을 당할 수도 있다.

적어도 잠들기 2시간 전부터는 음주를 삼가도록 하자. 밤 11시에 취침하는 사람은 9시 이후에 술을 마시지 않겠다는 룰이 필요하다.

식사도 마찬가지다. 잠들기 직전에 음식을 먹으면 소화 활동이 활발히 이루어지기 때문에 뇌도 몸도 쉬지 못한다.

그 결과, 아무리 잠을 자도 피로가 풀리지 않고 회복도 더디게 된다.

나는 아무리 바빠도 밤 8시 전에는 저녁식사를 마친다. 8시 이후에 허기가 지면 배에 부담이 없는 채소를 먹는다. 이런 습관에 익숙해지면 식사를 가볍게 해도 배가 고프지 않게 된다.

바빠서 식사시간이 늦어지는 경우도 있을 것이다. 그러면 최대한 식사량을 줄여서 위장에 부담이 가지 않도록 하자. 아침이나 점심을 먹은 후에는 활동 시간이 있어서 몸에 가는 부담이 적지만, 저녁을 먹은 후에는 부담이 커지기 때문이다.

그리고 저녁 이후에는 밤에 푹 자기 위해서라도 뇌의 각성을 촉진하는 카페인 섭취량을 억제하는 것도 중요하다. 성인의 경우 카페인 하루 권장량은 400밀리그램 내외로, 일반적으로 커피 한 잔에 포함된 카페인은 100밀리그램 정도이므로 성인의 경우 하루 4잔 이상 마시면 카페인 부작용을 겪을 수 있다는 얘기가 된다.

낮에 이미 서너 잔의 커피를 마신 상태에서 잠을 자기 전에 다시 커피를 마시면 카페인 성분이 신경계를 자극하기 때문에 제대로 숙면을 취하지 못하는 것은 당연해진다. 아침에 개운하게 일어나려면 몸에 부담을 주는 일은 피해야 한다. 무심코 손이 가는 술이나 커피를 반드시 조심하자.

NOT TO DO 31

점심으로 라면을 먹지 마라

나는 라면을 몹시 좋아한다. 그래서 인터넷에 라면 맛집에 관한 소식이 나오면 애써 찾아다니며 사 먹기도 한다. 나는 참으로 기가 막힌 라면 맛집을 몇 곳 알고 있는데, 갈 때마다 감탄을 하며 먹는다.

하지만 나는 낮에는 라면을 절대로 먹지 않는다. 낮 시간에 라면집이 붐비기 때문은 아니다. 점심식사를 한 후에 일을 하려는데 머리가 멍해서 집중이 되지 않을 때가 있다. 회의 때 겨우 정신 줄을 잡고 엉덩이 붙이고 있는 것만으로도 벅찼던 경험은 누구나 있을 것이다.

오후 업무를 위해 에너지를 충전했더니 오히려 역효과를

불러일으킨다. 대체 왜 잠이 올까? 원인은 바로 '탄수화물'이다. 탄수화물은 뇌나 몸을 움직이는 중요한 에너지원인데 섭취 방법이 중요하다.

식사를 하면서 탄수화물을 듬뿍 섭취하면 혈당치가 올라간다. 특히 아침을 거른 날은 혈당치가 급상승한다. 밥이나 빵, 면 종류는 탄수화물 덩어리라서 식후에 혈당치가 턱없이 올라간다.

혈당치가 올라가면 일시적으로 에너지를 보충한 듯한 기분이 든다. 이때 체내에서는 췌장에서 인슐린이 대량으로 분비되어 혈당치가 급격히 떨어진다.

혈당치를 올리려다 오히려 저혈당 상태가 되는 것이다. 이 때문에 잠이 쏟아져 생각대로 제어가 되지 않는다.

이런 이유로, 나는 점심으로 라면을 먹지 않는다. 당연히 밥이나 빵도 피한다. 요즘에는 편의점에서 라면이나 국수, 카레, 소고기 덮밥 등을 언제든 살 수 있기 때문에 무심코 손이 간다. 유혹에 넘어가면 먹은 후에 머리가 멍하고 업무 진척이 되지 않는 최악의 사태가 기다린다.

나는 평소에 식당에 가서 점심식사를 할 때는 미리 밥을 적게 달라고 주문한다. 밥이 나온 다음에는 남기기가 미안해서 다 먹어야 할 수도 있기 때문에 차라리 처음부터 적게 달라고 말한다.

그러면 포만감을 느끼지 않을뿐더러 약간의 공복감이 있을 정도로 배가 편해져서 정신이 맑아지는 느낌이 든다.

어떤 사람들은 점심에 맛있는 음식을 배불리 먹는 게 직장인의 낙이라고 말하기도 하는데, 이런 말은 건강하고는 담을 쌓은 얘기다.

탄수화물은 잠을 유발한다. 이는 인간의 생리 현상이므로 거스를 수 없다. 특히 자동차를 운전하기 전에는 탄수화물 섭취에 주의하도록 하자.

고속도로 휴게소 같은 데에서 맛있는 음식을 배부르게 먹는 운전자들이 있는데, 이런 행위는 자칫 졸음운전을 부를 수 있으니 조심해야 한다.

행동력이 강한 사람들은 먹는 문제 하나라도 허투루 생각하지 않고 자신의 상황이나 감정을 제어한다. 언제 어디

서든 행동할 준비가 되어 있으려면 자신의 몸 상태를 최상으로 만들어놔야 하기 때문이다.

NOT TO DO 32

연말에 대청소를 하지 마라

나는 집 안에 있는 버릴 물건들을 정기적으로 시일을 정해 처분한다. 그렇게 하면 청소나 정리에 들이는 시간을 줄일 수 있기 때문이다.

나중에 필요할 것 같아서 보관해두는 버릇이 있으면 물건이 점점 많아져서 결국 필요한 물건을 찾는 데 시간이 걸린다. 반대로 물건이 적으면 그만큼 찾는 데 드는 시간이나 노력도 줄어들고 편해지고 행동 속도도 빨라진다.

무엇을 소유하고 있는가가 아니라 무엇을 즐기는가에 따라 인생이 풍요로워진다.

고대 그리스 철학자 에피쿠로스Epicurus는 이렇게 말했다.

"혹시 입고 싶어서 입는 게 아니라 옷장에 있어서 입는 옷이 있지는 않은가? 정말 필요해서 갖고 있는 게 아니라 그냥 집에 있어서 사용하는 물건이 있지는 않은가? 책도 마찬가지로 나중에 읽겠다며 쌓아두지는 않는가?"

나도 전에는 물건을 버리지 못하고 언젠가 쓰겠지 하며 전부 쌓아두었다. 과거의 추억이 깃들어 있는 물건은 가급적이면 그대로 보관하고 싶다. 이런 마음 때문에 버리지 못하고 물건이 점점 쌓이면, 정리하는 데 시간이 꽤 걸린다.

나는 특히 연말에 날을 정해 한꺼번에 대청소하는 걸 정말 싫어한다. 일 년 내내 쌓아두었던 물건들을 하루 이틀 작정을 하고 처리를 하자니 너무 힘이 들고 시간을 많이 소비하기 때문이다.

그렇게 된 이유를 생각한 결과, 물건이 많기 때문이라는 결론에 이르렀다. 그래서 처음부터 청소나 정리를 할 필요가 없는 상태를 만들면 되겠다고 생각한 것이다.

케임브리지 대학원 시절에 썼던 교과서나 자료집 등은 버리기 아까워 보관하고 있지만 실제로 들춰보는 일은 거의 없다. 그저 그 존재만으로 안심했다고 할까? 그러다가 과거에 집착하는 게 아닌가 생각한 뒤로 과감하게 버렸다. 만약 필요한 상황이 생겨도, 없으면 없는 대로 포기할 수밖에 없다고 생각했다.

나는 이제 다음 두 가지 기준으로 물건을 버린다. 먼저 내 과거나 감정이 깃들어 있는 물건이 화재로 인해 전부 불에 탄다면? 그랬을 때 불에 타도 어쩔 수 없겠다 싶은 물건은 버린다. 여기엔 친구에게 받은 선물도 포함된다.

다음으로 그 이외의 물건은 지금 돈을 더 지불해서라도 다시 사고 싶은가? 옷이나 가방, 잡화 등은 이 질문으로 판단한다. 다시 사고 싶을 만큼 필요한 물건 외에는 없어도 곤란하지 않기 때문에 과감하게 버린다.

만약 그 물건이 없는 상황을 가정했을 때, 돈을 지불해서라도 다시 사고 싶은 물건이라면 남기면 된다. 돈을 써서 꼭 다시 사야 되는지 고민이 되는 물건은 그만큼 중요하지 않은 물건이라는 뜻이다.

물건이 적고 주변이 깔끔하면 머릿속도 후련해진다. 머릿속을 정리하기 위해서라도 물건 정리는 아주 효과적이다. 이런 효과를 일 년에 한 차례 한꺼번에 해치우면서 느끼는 것보다 한 달에 한두 번 시간을 정해서 한다면 몸도 마음도 개운해지는 기쁨을 자주 맛볼 수 있을 것이다.

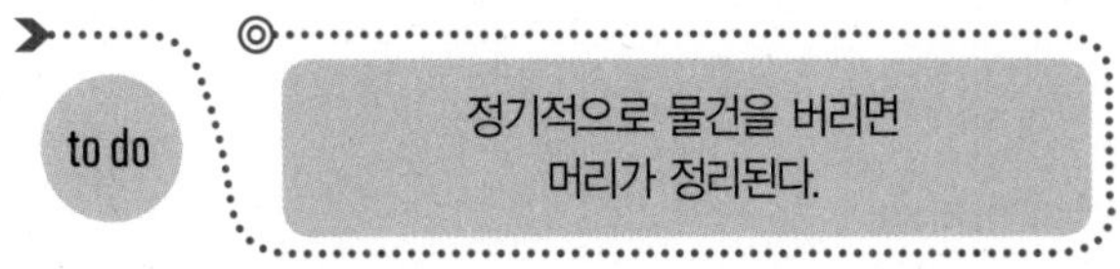

☑ NOT TO DO 33

매일 똑같은 가방을 들지 마라

바로 행동하는 사람은 매일매일 같은 가방을 들지 않는다. 왜 그럴까? 가방을 매일매일 바꾸면 소지품을 최소한으로 줄일 수 있기 때문이다.

나는 집에 가면 그날 쓴 가방 안의 물건을 전부 꺼낸다. 일단 비우고 나서 다음 날 업무에 필요한 물건을 고른다. 그렇게 하면 불필요한 물건은 깔끔하게 처분할 수 있다.

가방 안을 정리하지 않고 계속 쓰면 어느새 물건이 쌓이게 마련이다. 다 쓴 서류나 며칠 전에 본 신문, 편의점 봉지까지 가방 깊숙한 곳에 들어가 있을지 모른다.

그 상태에서는 필요한 물건을 바로 찾아서 꺼낼 수가 없다. '이것도 아니고, 저것도 아닌데……. 뭐야, 왜 이런 데 이게 있어?' 하면서 곧바로 행동을 하고 싶어도 못한다.

쓰는 물건이 뒤죽박죽 있으면 머릿속도 혼란스럽다. 어디에 무엇이 있는지 파악이 되지 않는 상태에서 물건을 찾다가 스트레스를 받을 것이다.

빠르게 행동하는 사람은 '미니멀리스트'다. 그는 최소한의 필요한 물건만 갖고 낭비 없이 깔끔한 생활을 하는 사람이다. 그렇기에 정말 필요한 물건만 가방에 넣는다. 다음 날 필요할지 불분명한 서류는 핸드폰으로 사진을 찍어놓으면 실제로 필요할 때 임기응변이 가능하다.

가방에 필요한 물건만 넣어두는 작업은 내일 할 일을 미리 전체적으로 파악할 수 있기 때문에 예습도 된다. 하루를 뭉뚱그려 생각하면 어떤 상황에서 무엇을 쓸지, 그리고 무엇이 필요 없는지 대강 알 수 있다.

아침에 허겁지겁 늘 똑같은 가방을 들고 집을 나간 다음에야 중요한 물건을 놓고 나왔다는 사실을 알았을 때는 이미 버스가 떠난 후다.

한번 직접 해보면 알겠지만 가방에 진짜 넣어야 할 물건은 의외로 적다. 나에게는 노트북, 지갑, 열쇠, 책, 노트와 필통 정도다. 거기에 그날 필요한 서류 원본을 넣을 뿐이니 가방은 그렇게 크지 않다.

짐이 적으니 물건을 찾는 시간도 줄어든다. 물건을 찾으려면 시간만 빼앗기는 게 아니라 의욕이나 에너지까지 소모된다. 살짝 과장해서 말하자면, 소지품이 많을수록 시간과 에너지를 갉아먹는 것이다.

가방을 하루하루 바꿔 드는 습관을 들이면 물건 관리가 저절로 편해진다. 나는 평소에 가방 3개를 가지고 그날그날 가방을 바꾸면서 항상 안을 정리한다.

당신은 자주 가방 안을 정리하는가? 가방은 그냥 멋으로 사용하는 게 아니다. 말 그대로 업무용으로, 이를 얼마나 효율적으로 사용하느냐에 따라 성과가 달라진다. 늘 똑같은 가방만 사용하는 것은 위험 신호라는 걸 잊지 마라.

NOT TO DO 34

스마트폰 알림을 켜지 마라

스마트폰은 편리하다. 업무 메일부터 메신저 애플리케이션, SNS까지 손쉽게 체크할 수 있으며 심심할 때 최고의 친구다. 그러나 동시에 엄청난 시간 도둑이 되기도 한다.

'이제야 집중해서 일할 분위기가 됐네'라고 느낀 순간에 새로운 메시지가 왔다거나 누군가 댓글을 달았다는 알림이 온다. 그러면 궁금해서 무심코 스마트폰을 체크하게 된다. 업무와 상관없는 SNS를 열어봤다 하면 누군가 올린 행복해 보이는 사진에 댓글을 달고 있을지도 모른다.

뉴스 애플리케이션에서 오는 속보나 최신 추천 뉴스도 마찬가지다. 한번 열면 정보가 끝도 없이 흘러넘치니 보기 시작하면 끊을 수 없다. 그렇게 정신이 팔려 있으면 어느새 시간이 훌쩍 지나고 업무는 정체 상황이다. 또 똑같은 짓을 반복하는 것이다.

스마트폰은 편리하지만 '양날의 검'이다. 그 편리성이 눈앞에 놓인 중요한 일을 종종 방해한다. 그래서 바로 행동하는 사람은 스마트폰을 어떻게 다뤄야 할지 생각하면서 그 대책 중 하나로 알림을 꺼둔다.

나는 연락이 오면 바로 알아야 할 사람만 알림을 켜놓고 나머지 사람들은 끈다. 업무에 집중한 상태에서 방해를 받는 것은 심각한 문제다. 집중력이 뚝 끊기면 다시 뇌가 집중 상태로 돌아갈 때까지 15분 이상은 걸린다고 한다.

그 때문에 글을 쓰거나 기획서나 발표 자료를 만들 때는 전화 착신음도 울리지 않도록 설정하고 스마트폰은 눈에 보이지 않는 곳에 멀찌감치 둔다. 전화가 오면 누가 전화를 했는지 궁금해서 집중력이 쉽게 흐트러지기 때문이다. 한번 궁금하기 시작하면 해소될 때까지 그 궁금증은 사라지지 않는다.

바로 행동하는 사람은 자신의 시간에 엄격하고 항상 주도권을 잡으려고 한다. 스마트폰 알림에 휘둘려서는 해야 할 일이나 하고 싶은 일을 제대로 못한다. 스마트폰에 휘둘리는 을이 될 것인가, 스마트폰을 자유자재로 활용하는 갑이 될 것인가.

이 선택은 현시대에서 바로 행동하는 사람과 그렇지 않은 사람의 차이를 만들어내는 구분선이 되지 않을까?

NOT TO DO 35

엘리베이터 닫힘 버튼을 누르지 마라

얼마 전에 업무차 프랑스에 갔다가 호텔 엘리베이터에 닫힘 버튼이 없는 걸 보고 깜짝 놀랐다. 엘리베이터에 마침 나만 타고 있어서 바로 문을 닫으려고 닫힘 버튼에 손을 뻗었는데 열림 버튼밖에 없었다.

그 순간 나도 모르게 얼굴이 뜨거워졌다. '아, 나는 뭘 이리 서두를까? 성질도 참 급하네' 하는 생각이 들었기 때문이다.

우리는 언젠가부터 엘리베이터의 닫힘 버튼을 습관처럼 누르고 있다. 잠시만 기다리면 자동으로 닫히는데, 그 짧은 시간을 참지 못하는 것이다.

우리는 시간에 쫓기는 사람들이 많아서인지 아파트나 오피스 빌딩 엘리베이터의 닫힘 버튼에 유달리 손가락 흔적이 많은 것을 발견한다. 그것을 볼 때마다 나는 이렇게 생각한다.

'고작 2~3초 빨리 문이 닫히지 않는다고 날이 곤두서 있는 모습은 너무 여유가 없어 보인다…….'

빠르게 행동하는 것도 중요하지만, 빠릿빠릿한 태도와 성질이 급한 것은 엄연히 다르다. 오히려 서두를 필요가 없는 시간이나 휴일에는 느긋하고 여유롭게 생활하는 게 좋지 않을까? 그러면 행동력이 발휘되는 데 필요한 힘을 축적시킬 수 있다.

행동이 빠른 것은 수단일 뿐이지 목적이 되어서는 의미가 없다. 하고 싶은 일, 해야 할 일, 할 수 있는 일을 착실히 수행하기 위해서도 바로 행동할 필요가 있다.

해야 할 일을 미리미리 해치우고 나머지 시간에는 자신의 인생을 충실히 보내는 게 가장 이상적이다. 그러려면 서둘러야 할 때와 그렇지 않을 때를 구분하는 것이 한 가지 방법이다.

당신은 가끔 여유로운 시간을 즐기고 있는가? 여유 한 번 느끼지 못하고 늘 뭔가에 쫓기듯 살면 어느 순간 마음의 브레이크가 작동하지 않을지도 모른다.

그것은 마치 숨도 쉬지 않고 계속 헤엄을 치는 상태와 같다. 그렇게 살다가는 가솔린이 떨어져 막상 중요할 때 필요한 힘을 발휘하지 못할 수도 있다.

내가 아는 대기업 임원들 중에는 한 달에 한 차례씩은 반드시 자기만의 시간을 갖는 분들이 많다. 혼자 바다로 차를 몰고 나가서 하루 종일 수평선 너머를 바라보며 명상을 즐기는 사람도 있고, 목공예나 도자기 같은 취미생활로 일에 찌든 머리를 식히는 사람도 있다.

그들은 그런 여유시간이 자양분이 되어 엄청난 시너지로 돌아온다고 말한다. 쉬는 동안 문득 떠오른 비즈니스 아이디어로 대박을 터뜨린 사람도 있다.

유럽에서는 엘리베이터에 닫힘 버튼이 있어도 대부분 누르지 않는다. 닫힘 버튼이 없는 엘리베이터도 많지만 있어도 가짜인 곳도 있다고 한다. 눌러도 바로 닫히지 않는다는 얘기다.

엘리베이터의 닫힘 버튼에 손이 갈 것 같으면 잠시 동작 그만을 해보자. 치열하게 살지 않는 시간이 마음에 활력을, 인생에 풍요를 주는 것 아닐까?

Esc

자신을 향상시키는 것, 또는 자신이 가진 가능성을 끌어내는 것은 행동력을 높일 때 반드시 필요하다. 하지만 아무리 지식을 쌓아도 활용하지 못하면 의미가 없다. 하지 말아야 할 일을 잘 구분해서, 자신이 잘하는 분야에 집중하자.

제5장

하지 말아야 할 _ 자기계발

NOT TO DO 36

맹목적인 공부를 하지 마라

"젊은 직원들 중에는 'Study'는 잘하는데 'Learn'은 못하는 사람이 꽤 많습니다."

일본 대기업에 다니는 외국인이 이런 말을 하는 걸 들은 적이 있다. 지식을 막무가내로 쌓아둔다 한들 사용을 못하면 의미가 없기에, 나는 그 말에 공감했다.

'Study'는 책상에 앉아 책을 펴고 내용을 외우거나 공부하는 것을 말한다. 지식을 '인풋Input'만 한다는 뜻이다. 반면에 'Learn'은 습득한 지식을 '아웃풋Output'해서 스킬로 변화시키는 것이다. 다시 말해서 배운 내용을 실천하는 부분에 중점이 놓여 있다.

토익에서 고득점을 받고도 외국 기업과 업무를 진행할 때 전혀 통하지 않는 사람이 수두룩하다. 실제로 영어 실력이 높은 사람은 늘어나고 있지만, 비즈니스 현장에서는 통하지 않는 사람이 많다고 말하는 선배도 본 적이 있다.

비즈니스 현장에서 통하려면 영어 실력은 물론이고 비즈니스 자체를 이해하지 않으면 안 된다. 하지만 여전히 많은 사람들이 영어 실력을 키우는 데만 급급하다. 그러면 비즈니스에 필요한 실무 스킬을 익히는 경험이 부족하니 문제가 많을 수밖에 없다.

대학에서 강의할 때 비슷한 문제를 느낀다. 영어 실력이 높은 학생은 늘고 있지만 내가 발표나 논의를 해보자고 말하자마자 몸이 굳어버린다.

“도구 상자에 도구는 한가득 차 있는데, 사용법을 모르는 사람들이 너무 많다.”

대기업 인사담당자들의 불만 섞인 한마디가 귀에 쟁쟁하다. 어떻게 사용해야 할지 모르는 도구는 한 트럭을 가지고 있어도 소용이 없다. 차라리 한두 개의 쓸모 있는 도구를 들고 맥가이버처럼 여기저기서 두루 사용할 줄 아는 융통성 있는 사람이 낫다.

나는 해외에서 일하는 사람들과 교류하면서, 그들의 영어 실력이 100점 만점에 80점 정도밖에 안 된다는 걸 느꼈다. 그래도 비즈니스 현장에서는 자연스럽게 의사소통을 할 수 있다.

그들은 영어 실력을 100점 만점으로 만드는 것보다 비즈니스에 필요한 스킬이 더 중요하다는 사실을 알기 때문에 80점 정도만 돼도 괜찮다고 생각하는 것이다. 이런 태도는 업무를 진행할 때도 똑같지 않을까?

배운 내용은 바로 실천으로 옮기자. 그리고 잘된 일과 그렇지 않은 일을 검증하고, 어떻게 해야 더 잘될지 고민하는 과정에서 배움이 성과로 이어지는 것이다.

현장에서 통용되는 스킬이야말로 진짜 필요한 무기이고, 그것은 현장에서 시행착오를 반복하면서 익혀야 한다. 바로 행동하는 사람은 '인풋'을 적당히 하고 '아웃풋'을 중시한다. 지식을 실천하고 갈고닦아서 스킬로 바꾸는 것이다.

NOT TO DO 37

인터넷에서만 정보를 모으지 마라

요즘은 스마트폰만 살짝 들여다봐도 세상의 온갖 정보에 공짜로 접근할 수 있다. 그러나 누구든지 간단하게 얻을 수 있다는 것은 정보의 가치가 그만큼 낮다는 뜻이다.

책이나 신문도 그렇지만, 밖으로 드러나 있는 정보는 빙산의 일각에 지나지 않는다. 따라서 간단히 손에 넣을 수 없는 정보만이 귀한 가치를 낳는 것이다.

행동력이 강한 사람은 인터넷에서도 물론 정보를 얻지만, 자신이 직접 발로 뛰어서 수집하는 것을 중요하게 여긴다. 인터넷을 통해 백 번을 확인한 정보도 눈으로 직접 보면 차이가 많다는 걸 알기 때문이다.

세상에는 어디까지나 누군가의 필터를 거친 정보만이 나돈다. 바로 행동하는 사람은 정보에 어떤 편견이 있다고 의심하기 때문에 그 정보를 참고만 하고, 실제로는 어떤지 직접 눈으로 확인하기 위해 현장으로 나간다.

나는 비즈니스 현장에서 항상 느낀다. 업계의 정상들이 모이는 모임이나 회의에 나오는 화제는 인터넷뿐만 아니라 책이나 신문에도 없는 정보들이 많다는 사실 말이다.

현장의 목소리는 인터넷에서만 정보를 수집하는 것보다 몇 배는 더 값지다. 그런 경험을 하다 보면 내가 보고 있는 세계는 고작 빙산의 일각이라는 사실을 절감하게 된다.

'끼리끼리의 이야기'는 어디에든 존재한다. 자신이 속한 업계와 다른 업계의 사람들과 이야기하면서 얻을 수 있는 정보에는 비즈니스에 대한 힌트가 가득하다는 얘기다.

물밑에서 기업이 어떻게 움직이는지 파악하기 위해서도 다른 업종에 있는 사람들과 반드시 교류를 해야 한다. 예를 들어 해외무역을 하는 사람이라면 문화예술 관련자들과 교류하면서 그 분야의 상식을 두루 섭렵해두면 반드시 단비처럼 사용하게 될 날이 온다.

인터넷을 사용하더라도 다른 분야 사람들이 들락거리는 사이트를 골라서 살짝 엿보는 것도 좋다. 인터넷에는 경계가 없다는 말도 있듯이 그런 식으로 견문을 넓히면 지식의 지평을 끝없이 넓혀나갈 수 있다.

자기 분야에 국한된 정보만 접해서 깊이가 있는 것도 중요하지만, 지식의 범위를 넓히기 위해 보다 많은 분야에 관심을 갖도록 하자.

인터넷에서 정보를 수집하는 것도 중요하지만 그 정보가 옳은지는 실제로 알 수 없다. 평소에 회사 바깥으로 눈을 돌려 직접 나가보자. 그렇게 눈으로 똑똑히 확인하고, 듣고, 냄새를 맡고, 만져보고, 맛을 보는 등 오감으로 느끼면서 정보를 수집하는 것이 바로 행동하는 사람이다.

정보가 흘러넘치는 사회에서는 직접 보고 확인하는 행동의 필요성이 점점 높아진다. 인터넷 정보로 만족하다가는 헛된 정보에 둘러싸여 허덕거리게 될지도 모른다.

NOT TO DO 38

책을 끝까지 다 읽지 마라

행동력이 강한 사람은 비즈니스 서적을 끝까지 읽지 않는다. 왜냐하면 단 한 문장을 위해 책을 읽는 성향이 강하기 때문이다. 독서의 목적은 한 권의 책을 읽었다는 만족감을 얻기 위한 측면도 있지만, 독서로 시작하여 새로운 행동을 일으키기 위한 힌트를 얻기 위한 목적도 크다.

그래서 그들은 끝까지 읽기 위한 독서가 아니라 띄엄띄엄 읽으면서도 자신이 궁금한 질문에 대한 대답을 찾기 위해 독서를 하기 때문에 읽는 속도도 무척 빠르다.

당신은 지금 읽고 있는 책을 왜 골랐는가? 서점에 놓인 수많은 책들 사이에서 이 책을 고른 것이다. 그리고 거기에는 반드시 이유가 있을 것이다.

"고객과 대화가 원활하게 이어지지 않는다."

"부하직원들이 생각대로 움직여주지 않는다."

"영업 현장에서 자주 말문이 막힌다."

혹시 이런 질문에 대한 답을 찾기 위해 책을 고르지 않았나? 그렇다면 그런 책을 찾아 해당 내용을 보면 금세 물음에 대한 답을 얻을 수가 있다.

책을 한번 읽기 시작하면 사람들은 끝까지 다 읽어야겠다는 생각을 한다. 그러다가 한 권을 완독했다는 사실에 성취감을 느끼는 바람에 자신이 찾던 질문에 대한 답을 얻겠다는 본래의 목적을 달성하지 못할 수도 있다.

책을 읽고 지식을 쌓아도 행동하지 않으면 의미가 없다. 행동하는 사람들은 실천하지 않으면 아무 성과도 없다는 것을 잘 알고 있다.

구체적으로 설명하자면, '맞아, 정말 그래!' 하고 고개를 끄덕이게 되는 기존의 사실은 굳이 다시 읽을 필요가 없다. 원래 알던 내용을 다시 확인해봤자 변하는 것은 없다. 자신이 생각하는 범위 안에 있는 내용은 새로 배우는 게 아니기 때문이다.

비즈니스맨들에게 진정한 독서의 목적은 '아, 이건 몰랐네', '이건 아직 경험해본 적이 없는데……'라고 생각되는 내용을 만나는 것에 의미가 있다. 모르는 것을 알게 되었다는 쾌감이 나를 새로운 세계로 안내한다.

독서를 통해 새로운 가치관을 발견하는 것, 그리고 바로 행동으로 옮기기 위해 어떤 액션을 취해야 하는지 생각하는 것, 나는 이 축에서 흔들리지 않기 위해서는 책을 끝까지 읽을 필요가 없다고 생각한다.

책에서 만난 단 한 문장, 어쩌면 단 한 마디가 당신의 인생을 바꿀지도 모른다. 특히 비즈니스 서적 한 권으로 인생이 바뀐다면 상당한 이득이지 않은가? 비즈니스 서적은 당장이라도 눈앞에 놓인 현상을 바꿀 수 있을지도 모른다는 점이 묘미다. 그러니 반드시 끝까지 다 읽어야 한다는 부담감은 버리자.

NOT TO DO 39

굳이 전자책으로 읽지 마라

나는 기본적으로 읽고 싶은 책이 있으면 전자책으로는 읽지 않는다. 업무상 자료로서 읽는 책은 가끔 전자책을 활용할 때도 있지만, 그때는 책의 일부만 콕 집어서 읽고 싶을 때에 한정된다.

내가 읽고 싶은 책은 전체 내용이 궁금한 책이다. '내가 발전할 수 있지 않을까?', '새로운 힌트를 얻을 수 있지 않을까?' 하고 생각할 수 있는 책이다. 그렇기에 나는 독서를 할 때는 반드시 한 손에 펜을 들고 읽는다. 읽다가 마음이 움직이면 펜으로 줄을 긋거나 메모를 해서 책을 지저분하게 만든다.

"오, 이거 괜찮은 아이디어인데? 시험해보자."

"이런 생각은 못 해봤네."

그런 생각이 들면 곧장 떠오른 아이디어를 책에 적어 내려간다. 나는 책이란 마치 청바지 같다고 생각한다. 잘 읽고 점점 길들여 청바지처럼 맛이 배어져 나와야 한다.

청바지는 색이 바래는 것이 매력이다. 입으면 입을수록 깊은 맛이 우러나고 몸에 착 맞는다. 많이 입고 자신만의 고유한 멋을 입히면서 즐기는 점이 가장 큰 매력이다.

다시 한 번 말하지만 책을 읽었다는 것에 만족하고 끝나서는 독서의 효과를 얻을 수 없다. 독서를 해서 얻은 내용을 행동으로 옮겼을 때 비로소 책과의 만남이 가치를 갖게 된다.

그래서 깨달음을 얻었을 때는 바로 생각을 적는 것이다. 끝까지 읽는 것보다 아이디어 하나를 새로운 행동 하나로 바꾸는 것이 중요하기 때문이다. 나라면 어떻게 할지 시뮬레이션을 하면서 읽기 때문에 머릿속에만 머물러둘 수가 없다. 직접 쓰지 않으면 정리되지 않는다.

손에는 수많은 신경이 있다. 손을 움직이면 뇌세포에 자극을 줄 수 있어 뇌의 활성화에 도움이 된다. 2014년에 프린스턴대학의 팸 뮬러Pam Mueller 교수와 UCLA의 대니얼 오펜하이머Daniel Oppenheimer 교수는 노트북 자판을 이용한 학생보다 손으로 직접 필기한 학생이 압도적으로 높은 성과를 보였다는 실험 결과를 발표했다.

"학생들에게 심리학 시험을 실시했더니 기억, 이해, 정보 활용에서 손으로 필기한 학생들의 점수가 훨씬 더 좋았다."

타자를 칠 때와 비교하면 손으로 하는 필기는 시간이 걸리기 때문에 교수의 말을 전부 다 받아쓰기가 어렵다. 그래서 주의 깊게 듣고 내용을 이해하며 강의 중에 요점을 정리하는 데 집중력을 발휘해야 한다.

이때 들으면서 생각을 해야 하기 때문에 배우는 뇌의 스위치가 켜지는 것이다. 연구팀은 결론적으로 학생들로 하여금 노트 필기를 하게 만드는 수업이 강의의 효과를 최대한 끌어올렸다고 덧붙였다.

책은 물론 정보 전달 수단이기는 하지만, 나는 거기서 그치기엔 아깝다고 생각한다. 하나의 오락이면서도 책 한 권의 무게, 종이나 커버의 촉감, 종이 냄새가 주는 오감을 써

가면서 배우는 것이다. 이는 전자책에서는 얻을 수 없는 즐거움이다.

책은 물리적으로 무겁기 때문에 가방에 들어만 있어도 '갖고 왔으니까 열심히 읽어야지'라는 마음을 갖게 하는 경향이 있다. 그러나 모바일을 이용해 읽는 전자책은 무게감이 없기 때문에 '읽으려고 했더니 다른 애플리케이션에 마음을 뺏겨서 읽는 것을 깜박했네'라는 일이 벌어지기 쉽다.

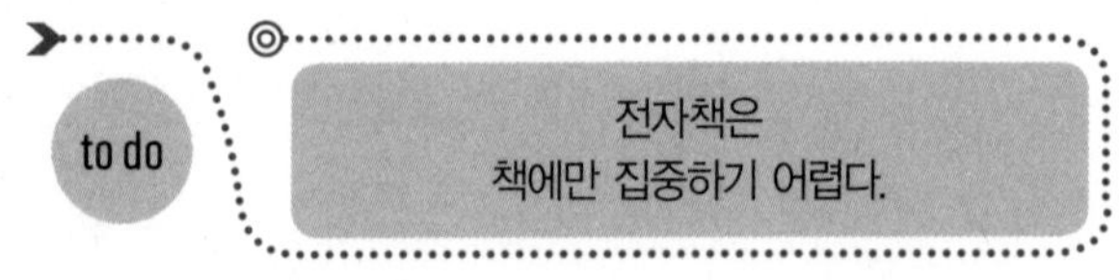

☑ NOT TO DO 40

당연하다는 듯이 검은 펜을 쓰지 마라

행동하는 사람은 당연한 듯이 검은 펜만을 사용하지 않는다. 나는 필기를 할 때나 생각을 정리할 때는 파란색 펜을 쓴다. 파란색은 집중력을 높이는 색깔이라 정보를 정리하거나 외울 때 효과적이다.

게다가 파란색은 뇌를 차분하게 만드는 효과도 있어 필기한 내용도 머릿속으로 정리가 잘되기 때문에 기억이 정착하기 쉽고, 단순 작업을 할 때는 집중력을 유지하기 쉽다. 생리학적으로 파란색은 부교감 신경을 활발히 하는 힘이 있어서 혈압이 내려가고 맥박이 안정된다는 효과가 있고 뇌가 차분해지는 부수효과도 있다고 한다.

나는 특별히 강조하고 싶은 부분은 빨간색 펜을 쓴다. 빨강은 활력이나 정열을 나타내는 색으로 행동력을 돋우는 효과가 있다. 마케팅 세계에서는 할인 포스터나 POP Point of purchase 광고〔판매가 실제로 발송하는 장소에서의 광고〕 등에 빨강을 많이 쓰는데, 다른 색깔을 썼을 때보다 20퍼센트 정도 매출 차이가 난다고 한다.

그만큼 빨간색은 소비자들에게 상품 구매 행동을 촉진한다는 것이다.

영국 더럼대학교의 러셀 힐 Russell Hill 교수와 로버트 바톤 Robert Barton 교수의 연구에 따르면, 입는 옷의 색깔이 운동선수의 활약에 영향을 준다고 한다.

복싱 같은 격투기 경기에서는 다른 유니폼보다 빨간 유니폼을 입었을 때 더 좋은 활약을 펼친다는 사실이 밝혀졌다. 그만큼 빨간색이 운동선수에게 활력을 준다는 것이다.

그러나 필기를 할 때 빨간색 펜을 주로 쓰면 자기도 모르는 사이에 스트레스가 쌓이게 되니 어디까지나 강조할 때만 쓰는 것이 좋다. 이는 빨강이 너무 많으면 의욕이 오히려 떨어지게 되어 역효과를 낳기 때문이다.

나는 독서할 때 반드시 펜을 들고 읽는데, 이때는 파란색 펜으로 생각나는 것을 적어 내려간다. 그러다가 '이건 꼭 기억해야지' 하고 특별히 느꼈을 때는 빨간색 펜으로 쓴다.

그러면 나중에 그 페이지를 넘기기만 해도 바로 눈에 쏙 들어와서 다시 상기하기가 쉽다. 책의 활자가 검은색이라 검은색 펜은 아무래도 눈에 잘 띄지 않는다.

행동력을 높이고 싶을 때는 빨강, 생각을 정리하면서 필기를 하거나 정보를 요약할 때는 파랑으로 나눠 쓰면 독서의 효과를 높일 수 있다.

색깔은 시각을 통해 우리의 뇌에 다양한 영향을 준다. 일상의 여러 영역에서 널리 받아들이면 의외의 효과를 맛볼 수 있으니 적극적으로 활용하자.

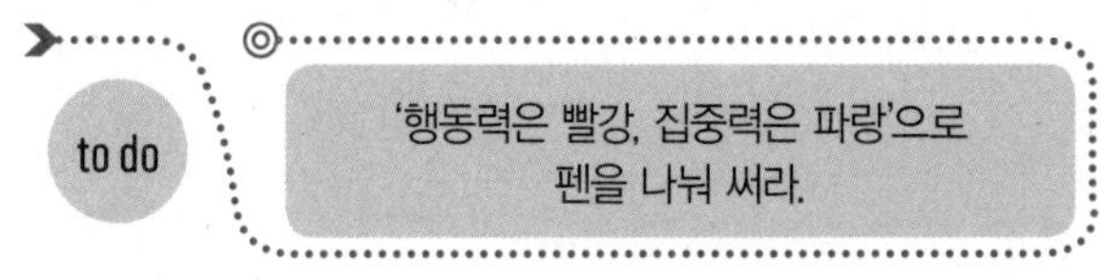

Esc

이제 '인생'이라는 큰 테마에서 절대로 하지 말아야 할 일들을 정리하겠다. 시대의 변화 속도가 빨라서 앞으로 우리가 무엇과 마주하여 살아가야 할지 문제가 제기되고 있는 요즘, 언제든지 인생의 축이 되는 원리 원칙을 소개하고자 한다.

제6장

살면서
하지 말아야 할 것들

NOT TO DO 41

무조건 초심을 고집하지 마라

진화론으로 유명한 생물학자 찰스 다윈Charles Darwin은 이렇게 말했다.

"가장 강한 자가 살아남는 것도, 가장 현명한 자가 살아남는 것도 아니다. 유일하게 살아남을 수 있는 자는 변화할 수 있는 자다."

진화론의 핵심을 이루는 이 문장은 인간을 포함한 모든 생명체에게 변화가 얼마나 중요한 요소인지를 말해준다. 이 짧은 문장은 단지 생명의 유지만이 아니라 우월한 존재로서 지구상에 살아남으려면 자기의 틀을 깨는 노력이 절실하게 필요하다는 의미를 담고 있다.

세상은 끝없이 변화한다. 더구나 현대 사회는 온갖 종류의 가치관이 출몰하기 때문에 '자신만의 축'에만 맞춰 살려고 하다가는 언제 위험한 상황에 노출될지도 모른다.

너무도 변화 속도가 빠른 시대를 살면서 단지 하나의 생각에만 뿌리를 내리고 있다면 세상의 전제조건이 하루하루 엄청나게 바뀌는데도 알아채지 못하고 무모한 노력만 거듭하게 될 수도 있다.

그래서 행동력이 강한 사람은 시대의 변화를 항상 살펴보면서 필요에 따라 그때그때 행동 지침을 바꾼다. 한마디로 말해서 초심을 반드시 고집할 필요가 없다는 뜻이다. 그들은 목표를 향해 돌진하다가 뭔가 이상한 느낌이 들면 재빨리 몸을 돌려 궤도를 수정한다.

초심을 잃지 말자는 신념도 좋지만 상황에 따라 변화할 수 있는 자만이 살아남는다는 찰스 다윈의 충고를 받아들여 빛의 강약과 온도, 감정의 변화에 따라 몸의 빛깔을 바꾸는 카멜레온처럼 언제든 재빨리 변신할 수 있어야 한다.

"내가 여기까지 악착같이 왔는데, 어떻게……."

이런 마음을 먹게 되면 지금까지의 노력이 수포로 돌아

가는 상황에 맞닥뜨리게 된다.

'지금까지 열심히 했지만 어쩔 수 없다. 이 이상 시간과 노력을 낭비하지 말고 다른 데 쓰자.'

행동하는 사람은 이런 식으로 '손절損切'을 잘한다. "부드러운 것이 강한 것을 이긴다"는 말도 있듯이 유연성이 중요하다. 도저히 현실을 받아들이지 못하고 '조금만 더, 조금만 더' 하며 고집을 부리지 말자.

자신의 축을 상황에 맞춰 바꿔가는 것이 훨씬 더 강한 생존법이라는 사실을 잊지 말자. 변신에 강한 사람이 되자. 모험의 순간이 오면 과감하게 도전하자.

가치관이 다양화된 시대이기 때문에 다른 사람들과 접하다 보면 자신의 가치관이 변하기도 할 것이다. 그래도 괜찮지 않을까? 행동하는 사람은 상황을 파악하면서 무엇이 최선의 결단인지 생각할 줄 안다.

☑ NOT TO DO 42

자기다움에 구애받지 마라

아직 경험해보지 못한 일은 내가 아직 성공을 맛보지 못했으니 먼저 성공한 사람에게 배우는 게 가장 빠르다. 행동하는 사람은 이미 경험한 사람들에게 조언을 구하면서 이를 충실히 실천한다. 그래서 잘되는지 판단하고 검증하여 개선한다.

이는 달리 말하자면, 자신만의 개성에 얽매이지 않는다는 뜻이다. 아무리 뛰어난 운동선수나 위대한 아티스트도 처음에는 선배들을 모방하는 것부터 시작한다. 많은 사람들을 모방하고 나서 비로소 자신만의 개성을 만들어가는 것이 가장 빠른 길이라는 것을 그들은 잘 안다.

일본 애니메이션 영화의 거장인 미야자키 하야오宮崎駿는 뛰어난 창작성으로 세계적인 명성을 얻은 감독이다.

젊은 시절에는 애니메이션 영화의 대부라 불리는 다카하타 이사오高畑勲 감독 밑에서 일하며 그의 생각이나 행동, 말투, 심지어 글씨까지 철저히 따라 하던 시절이 있었다.

그러한 경험을 통해 나름의 애니메이션 영화 철학을 터득하고 기초를 탄탄하게 다진 미야자키 하야오 감독은 나중에 스승으로부터 진짜 최고라는 인정을 받는 거인이 될 수 있었다.

일본 축구 국가대표 감독을 지낸 오카다 다케시岡田武史는 이런 말을 했다.

"일본 축구는 확실히 진보했지만, 단 하나 넘지 못한 벽이 있다. 주체성과 자립심을 가진 선수가 적다는 것이다. 상태가 좋을 때는 아주 좋다. 그러나 톱니바퀴가 하나 어긋나면 회복이 불가능하다. 어린 시절부터 자유를 주고 스스로 생각하는 힘을 기르도록 해야 한다."

축구 기술이 아니라 창의력과 자주성의 결여가 문제라는 것이다. 한마디로 위기의 순간에 대처하는 창조적인 태도가 부족하기 때문에 상황이 나쁠 때는 대책 없이 허둥댄다는 얘기다.

기업에 연수를 하러 가면 상사들이 이런 말을 한다.

"요즘 젊은이들은 시킨 것만 한다. 스스로 생각하라고 아무리 말을 해도 아무것도 하지 못한다."

"신입사원들은 이제 막 사회생활을 시작하는 것이니 얼마든지 도전의식을 발휘할 수 있을 텐데, 도무지 모험 같은 걸 하지 않으려고 한다."

하지만 무턱대고 생각하라고 해도 무엇을 어떻게 생각해야 하는지 모르고, 애당초 생각하는 것이 무엇인지 모르면 아무리 생각하라고 강조해도 따라올 수가 없다.

해본 적도 없는 것을 처음부터 하라고 하면 잘될 리가 없다. 중요한 것은, 자신만의 개성을 추구하기보다는 먼저 타인의 것들을 잘 살피고 배운 다음에 자신의 틀을 다지는 일이 아닐까?

행동하는 사람은 자신만의 개성에 얽매이지 않고 새로운 일에 도전할 때는 앞서간 사람들에게 조언을 받는다. 그렇게 성공하는 경험을 쌓으면서 기존의 틀을 깨고 나가 독창성을 만들어가는 것이다.

다시 말해서, 행동하는 사람은 자신만의 개성을 고집하기보다는 누군가의 아이디어를 자기 것으로 만든 다음에 자기만의 길을 새로 만들어 나간다.

NOT TO DO 43

레드오션에 뛰어들지 마라

행동하는 사람들은 남들과 달라야 가치가 있다고 생각한다. 그들은 경쟁자가 많은 무대에서는 절대 싸우지 않는다. 같은 무대에서 싸우면 소모전이 된다. 그렇게 되면 몸과 마음이 피폐해지고, 내용보다는 겉으로 보이는 퍼포먼스 경쟁이 되어 결국에는 하기 싫은 무기력 상태에 빠질 가능성이 높다.

내가 케임브리지 대학원에 입학한 2007년 당시에는 영국 파운드 환율이 높은 탓에 생활고에 시달려야 했다. 하지만 공부를 따라가기도 벅차서 생활비를 벌기 위한 아르바이트로 시간을 낭비하고 싶지 않았다. 석사학위를 취득하고 일본으로 돌아가는 것이 목표였기 때문이다.

그래서 나는 일본에서도 인기가 있을 듯한 영국의 패션 상품을 찾아 저렴하게 구입하여 일본에서 비싸게 파는 인터넷 판매를 했다. 그 당시 해외에서는 유행하고 있었지만 일본에는 알려지지 않은 상품이 많았기 때문에 수익성이 꽤 높았다.

그러다 대형 온라인 쇼핑몰을 가진 큰 회사들이 이 시장에 끼어들면서 가격 경쟁이 붙는 바람에 단숨에 레드오션이 되었다. 나는 의미 없는 싸움으로 기력만 탈탈 털린 후에야 나 자신이 한심하게 느껴졌다.

같은 상품이면 조금이라도 싸게 사고 싶은 것이 소비자의 마음이다. 같은 무대에서 싸우면 자금력으로 승패가 갈린다. 나는 이 사업이 처음엔 잘되었기 때문에 '이대로 그냥 하지, 뭐' 하며 차별화를 할 생각은 한 번도 하지 않았던 것이다.

차별화라면 여러 가지가 있을 것이다. 나만이 취급할 수 있는 특수한 상품을 선택해서 틈새 공략을 한다든지, 같은 상품이라도 다른 회사보다 엄청 싸게 팔 수 있는 방법을 찾든지……. 나는 그러지 않고 끝까지 버티다가 끝내 두 손을 들고 말았다.

오랜 기간 터를 잡은 작은 채소가게 중에도 망하지 않는 곳이 있다. 슈퍼에서 대대적으로 광고를 내어 싸게 파는데도 무슨 이유에서인지 끈질기게 생존한다. 이유가 궁금해서 관찰해보니 동네 사람들과 나누는 대화에 비밀이 있다는 사실을 알 수 있었다.

"어차피 채소나 과일이나 다 똑같은데 슈퍼에서 사지 말고 저 채소가게에 가서 사는 김에 주인아주머니랑 얘기도 하고 와야지."

채소나 과일과 함께 대화의 시간을 공급함으로써 자기만의 가치를 창출했던 것이다. 단골손님이 떠나가질 않으니 망할 이유가 없다.

나는 이 사실을 알고 나서는 나에게만 존재하는 가치를 창출하는 데 공을 들이게 되었다. 구체적으로 말하자면 내가 먼저 행동하는 것, 그리고 나만의 강점을 전면에 내세우는 것에 공을 들였다.

처음에는 나를 드러낸다는 것에 두려움이 있었지만 '나만의 개성'을 드러내는 것이야말로 차이를 만들어내기에 더욱 공을 들였다. 당시 내가 구사한 영업 전략은 '이 사람에게 일을 부탁하고 싶다'는 마음이 들게 하는 것이었다.

다른 사람들과 똑같은 일을 하면 다들 어느 정도 하는 일이라는 걸 알기 때문에 두려움은 없다. 그러나 거기서 만족하면 나를 대신할 사람은 세상에 차고 넘치게 되니 결국 경쟁력은 제로가 된다.

다른 사람과 차이가 있는 일을 하기 때문에 가치가 있는 것이다. 그것은 '대체자'가 없기 때문에 생기는 가치다. 디자이너 코코 샤넬Coco Chanel은 "대체할 수 없는 귀중한 존재가 되기 위해서는 항상 남과 달라야 한다"라고 말했다.

"당신에게 부탁하고 싶어요. 당신이 아니면 안 돼요."

이렇게 되면, 대체 불가한 존재가 되어 그 분야의 최고가 된다. 같은 무대에서 경쟁하면 몸과 마음이 소모되고 의욕도 떨어지기 때문에 행동하는 사람들은 그런 일이 일어나지 않도록 대체 불가한 존재가 되려고 머리를 쓴다.

NOT TO DO 44

정해진 틀에 자신을 가두지 마라

행동하는 사람들은 자신의 행동이나 능력에 한계를 두지 않는다. 어떤 판단을 내릴 때마다 적용하는 자기만의 기준이나 틀이 없다는 얘기다.

구글 일본법인 대표를 지낸 무라카미 노리오村上憲郎 씨는 구글이 원하는 인재는 '스스로 틀을 정하지 않는 사람'이라고 말했다. 이 말은 곧 이 책에서 말하는 행동하는 사람의 조건에도 일치한다고 하겠다.

"제 전공은 ○○라서요."

"저는 그 분야는 원래 잘 모릅니다."

이런 말을 남발하는 사람은 자신의 한계를 스스로 정해

놓고 사는 사람이다. 한 대기업 임원은 이런 말을 했다.

"신입사원들 중에는, 회사에 들어와서 딱 이 분야의 최고 전문가가 되겠다고 마음먹고 한 분야에만 집착하는 사람이 있다. 이것은 어리석은 생각이다. 어떤 젊은이는 회사의 여러 분야, 그것도 남들이 엄두를 내지 않는 분야에 기꺼이 뛰어들어 온갖 궂은일을 도맡는데, 회사는 바로 이런 사람을 미래의 인재로 주목한다."

자신의 강점을 최대한 활용하는 것도 중요하지만 거기에 얽매이면 새로운 일에 도전할 수가 없다. 오히려 자신의 전문 분야와 다른 영역에서 얻은 아이디어를 합쳐 자신만의 포지션을 구축할 수 있는 것이다.

어릴 적에 편식했던 음식을 어른이 되어 우연히 먹었을 때 맛나게 느껴지듯이, 다양한 경험을 쌓으면 예전에 싫어했던 일도 좋아지기도 한다. 그렇게 질색했던 일인데 오랜만에 해보니 의외로 술술 풀리는 일도 있다는 얘기다.

따라서 무슨 일이든 도전해보는 태도가 중요하다. 해보지 않으면 어떻게 될지 모를 일이고, 하다 보면 의외의 영역에서 자신의 주특기를 발견하게 될지도 모른다.

행동하는 사람은 한 가지 문제를 여러 시점으로 보는 데

능하다. 우리 교육의 맹점은 한 가지 학문을 깊게 파고드는 데에만 주력할 뿐 여러 학문을 연결하여 넓히는 방법은 가르쳐주지 않는다는 것이다. 요컨대 전공만 고집하는 바보가 되어서는 안 된다는 것이다.

그래서 나는 내가 흥미를 느끼는 일은 무조건 해본다. 앞서 말했지만, 스탠 리나 트래비스 페인의 통역을 맡기도 했고 프로축구 선수들에게 어학 트레이닝을 제공하기도 한다. 통역이 나의 전문은 아니지만 세계적인 스타들의 통역을 경험함으로써 영어 외에 요구되는 시야와 스킬을 공유할 수 있어 좋았다.

틀 밖으로 나가면 그 뿌리에 무엇이 있는지 보여서 무척 흥미롭다. 거기서 배우고 느끼는 것을 나의 분야에 적용하다 보면 제3의 길이 보일 때도 있다. 자신에게 하나의 틀을 강요하지 않는 것, 그것이 행동하는 사람들의 일관된 사고방식이다.

☑ NOT TO DO 45

자기 자신과 싸우지 마라

행동하는 사람은 자기 자신과 싸우지 않기 위해 노력한다. 자신과 싸운다는 얘기는, '○○하고 싶어'라는 마음과 '○○하면 안 돼'라는 마음의 갈등 끝에 어떤 결정을 내리는 것을 말한다.

다이어트 중인데 집에 가는 길에 편의점에 들르니 맛있는 디저트에 군침이 돈다. 자격증을 따려고 공부하는데 드라마가 궁금하다. 이럴 때 당신은 어떤 결정을 내리는가. 행동하는 사람은 자신과 싸우지 않는다고 했는데, 그들은 이런 식으로 자신과 싸우면 정신을 소모하는 결과로 이어진다는 사실을 알고 있기 때문이다.

2017년 캐나다 오타와에 있는 칼턴대학의 마리나 밀야브스카야Marina Milyavskaya 교수가 대학생 159명을 대상으로 실시한 연구에서, 목표 달성률은 유혹의 대상과의 접촉 횟수에 반비례한다는 사실을 밝혀냈다.

무슨 얘기냐 하면, 유혹의 대상과 접촉 횟수가 적었던 사람이 목표를 가장 잘 달성한다는 것이다. 이것은 달리 말하면 목표를 달성하고 싶다면 유혹의 대상과 접촉하는 횟수를 최대한 줄여야 한다는 뜻이다.

유혹에 지지 않기 위해 자제심을 발휘하는 것을 셀프컨트롤이라 하는데, 이것은 의욕을 강제로 저하하게 만드는 원인이 된다.

예를 들어 '다이어트를 위해 케이크를 먹지 않겠다'고 선택했다면 '먹고 싶다'라는 마음을 최대한 억제해야 한다. 동시에 목표 달성을 가로막는 유혹의 대상이 무엇인지 명확히 해서, 그것을 어떻게든 회피하면 목표 달성률은 압도적으로 높아진다.

만약 자격증을 따기 위해 일을 하면서 동시에 공부를 한다고 생각해보자. 참고서를 사고, 아침 일찍 기상하기로 하고, 시험 날까지 학습 계획을 세웠다.

여기까지는 좋다. 그러나 유혹 대상에 대한 대처가 되어 있지 않다. 회사 동료가 술 한잔하자고 하면 어떻게 할 것인가? 이럴 때 어떻게 대응할지 생각해둬야 한다.

술을 마시고 싶은 마음을 꾹 참고 거절하는 게 아니라 시험이 끝날 때까지는 못 가겠다고 선언해두면, 이미 대외적인 약속을 했으니 한잔하자고 말할 사람이 없을 것이다.

자기 자신과 싸우지 말라는 것은 외부의 유혹에 지지 말라는 말과 같다. 이를 위해서는 유혹의 대상이 될 가능성이 있는 것들로부터 멀찌감치 떨어지는 습관이 필요하다.

다이어트 중이라면 가급적 편의점이 있는 길을 피해서 집에 간다. 시내에는 편의점이 곳곳에 있어서 어렵지만 열심히 방법을 모색해보자.

어떤 목표를 세웠다 해도 달성을 가로막는 방해물들이 반드시 존재한다. 이에 대비하려면 자제를 하지 않아도 되는 환경을 만들어두는 것이 중요하다는 사실을 잊지 말자.

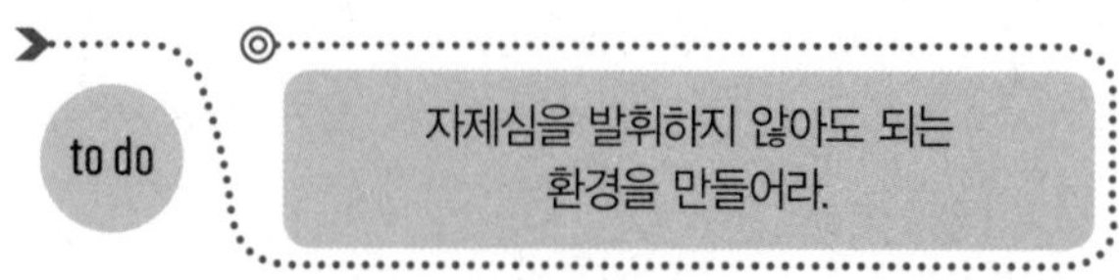

☑ NOT TO DO 46

이익만을 따져서 움직이지 마라

행동력이 부족한 사람들의 공통점 중 하나는 손해냐, 이익이냐의 감정으로만 사물을 판단한다는 점이다. 반면에 행동하는 사람들은 당장의 손익의 감정 대신 미래의 내 발걸음에 도움이 될 것인지를 먼저 생각한다.

손익 감정으로 사물을 판단하는 사람은 '이걸 하면 내가 이득을 본다'는 사실을 확인한 다음에서야 움직인다. 이를테면 앞으로 성장할 주식이 있어도 진짜 성장하기 전에는 사지 않고 값이 올랐다는 사실을 확인한 다음에 사는 것과 마찬가지다.

반면에 투자에 성공한 사람들은 주식이 성장하기 전에 미리 산다. 다시 말해 '불확실한 단계'에서 구입을 한다.

소위 '개미'라고 불리는 소액 투자자들이 주식으로 큰돈을 벌지 못하는 이유는 바로 이 지점에서 차이가 나기 때문이다. 개미에게 확실한 단계는 이미 대형 투자자들이 큰돈을 챙기고 시장을 떠난 뒤이다.

일할 때도 마찬가지다. 처음부터 잘될 게 뻔한 프로젝트는 가치가 떨어진다. 잘될지 안될지 불확실한 갈림길에 있는 프로젝트를 맡아 있는 힘을 쥐어짜 시행착오를 반복해서 목적지에 도달하는 사람만이 진짜 성장하는 것 아닐까?

행동하는 사람은 일단 재미와 성취감이 느껴지는 일에 도전한다. 도전 과정에서 비록 잘되지 않아도 배울 점이 있다는 사실을 알고 있고, 미래에 도움이 되는 경험이라고 믿는 것이다.

실패해서 수모를 당하고 마음에 상처를 입을 수도 있다. 그러나 근력운동을 할 때도 근육은 자극했을 때 점점 단련된다. 실패가 많으면 많을수록, 그만큼 간단히 꺾이지 않는 강한 정신력을 만들 수 있다.

처음에는 일이 잘 풀리지 않을 수도 있지만 계속해서 행동하는 동안 성공하기 위한 법칙을 배우면서 감각이 길러지면 점점 잘되는 것이다. 행동이 곧 성장이다.

직장 사회에서는 이상하게도 양지바른 길만을 쭉쭉 뻗어 가는 사람이 있다. 남들이 어려운 프로젝트를 맡아 고군분투할 때, 그는 부장과 주말에 골프를 친다며 낄낄거린다.

문제는 이렇게 아부에 능하고 눈앞의 이익에 밝은 사람들이 마라톤 같은 인생에서 끝까지 결승점을 통과하는 일은 드물다는 것이다. 왜냐하면 윗사람은 언젠가는 바뀌게 마련이고, 주변의 상황 또한 끝없이 변화하기에 매번 거기에 편승하기는 어렵기 때문이다.

손익이 아니라 결국은 자신이 어떻게 하고 싶은가, 그 결과에서 자신이 무엇을 얻었는가가 중요하다. 손익만을 따지다 보면 위험이 걱정되어 행동으로 옮기지 못한다. 처음부터 승리가 보장된 게임은 존재하지 않기 때문이다.

손익을 따지는 상태에서 이미 다른 사람들에게 뒤처지고 있다고 생각하자. 손익을 따지지 않고 움직였을 때 당신의 행동에 가치가 있는 것 아닐까?

NOT TO DO 47

굳이 인정받으려고 하지 마라

주위 사람들에게 인정과 칭찬을 받고 싶은 마음은 누구에게나 있다. 그러나 남에게 칭찬을 갈구해서 잘못된 행동을 하는 일이 벌어지곤 한다.

인정받으려는 생각이 앞서면 남들의 시선을 신경 쓰게 되고, 그것이 판단 기준이 된다. 자신의 생각보다 타인이 어떻게 생각하는지를 더 중요하게 생각하는 것이다. 마치 카메라 앞에서 연기하는 배우처럼 하나하나의 동작을 타인의 시선을 의식하며 행동한다면 거기에 진심은 없고 가식과 위선만이 가득하다.

지금은 SNS 시대다. 사람들은 인스타그램에 가장 보여

주고 싶은 사진을 올리고, 다른 사람들은 그 모습에 영향을 받아 더 열심히 해야겠다는 마음을 먹는다.

다시 말해 이런 행동은 바깥으로 의식이 쏠려 있어 누군가에게 부럽다는 말을 듣기 위한 것이다. 그런 행동을 계속하다 보면 '잘 풀리지 않는 내 모습'을 보이고 싶지 않게 된다. 아니 그 이상으로, 잘 풀리지 않는 자신을 받아들이지 못하게 된다.

그리고 인정받기 위한 행동은, 인정받지 못할 위험이 있는 행동은 꺼리게 된다. 나아가 자신의 승인 욕구를 손쉽게 충족할 수 있는 행동만을 취하기 때문에 정말 자신이 무엇을 하고 싶은지 생각하지 않게 된다.

예전에 내가 그랬다. 인정받고 싶은 욕심 탓에 업무 의뢰가 오는 족족 다 받아들여 용량 초과가 되어버리는 일이 잦았다. '이건 왜 하는 걸까?', '마음이 내키지 않는데……' 하고 생각하면서도 인정받고 싶다는 마음이 훨씬 더 컸다.

결국에 '나는 왜 이런 일만 하고 있을까? 하고 싶은 일이 더 있었을 텐데……' 하는 자기혐오에 빠지고 말았다. 이를 반복하다 보니 몸도 마음도 점점 지쳐갔다.

이제 나는 '한 번뿐인 인생, 지금 이 시간은 두 번 다시 오지 않는다'고 생각을 고쳐먹고, 내키지 않는 일이나 의의가 느껴지지 않는 일은 거절한다.

결국 그렇게 하는 것이 나를 비롯해서 모두를 위한 일이라는 사실을 깨달았다. 내키지 않는 일을 애써 웃으며 받아들여도 결국 퀄리티는 높아지지 않는다. 어찌어찌 겨우 완성만 한 꼴이 되니 상대방에게도 결례다.

인정받겠다는 생각에 집착해서 외부에 판단 기준을 두지 말고, 자신의 마음이나 신념을 따라 살자. 그러면 자기만의 세계가 구축되어 모든 사람에게 인정을 받게 된다.

타인의 평가도 신경이 쓰이는 마음은 잘 알지만, 이것은 우선순위의 문제다. 자신의 마음을 무시하면서까지 인정받으려 하지 마라. 하고 싶은 일을 한다는 신념을 갖자.

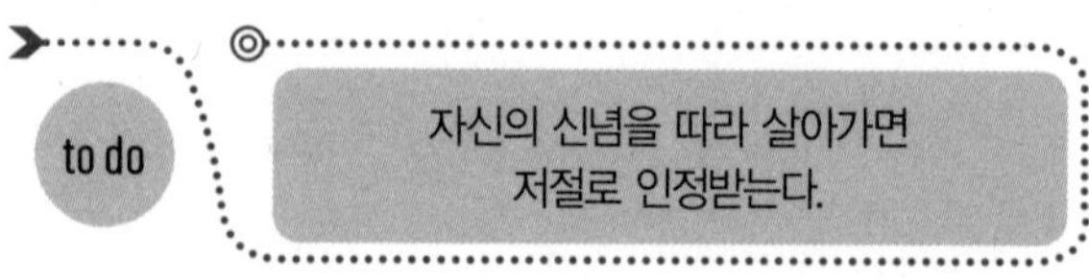

NOT TO DO 48

몰려다니지 마라

요즘 시대에는 스마트폰이나 SNS 덕분에 언제든 원하는 사람과 연락을 취할 수 있다. 그러나 이러한 열린 소통은 항상 좋기만 한 것은 아니다.

항상 누군가와 이어져 있지 않으면 불안해지거나 인간관계가 인생의 전부라고 생각해서 잠시라도 소통이 단절되면 문득 마음에 구멍이 뚫린 듯한 감각에 빠질 때가 있다.

전철에서 보면, 대부분의 사람들이 스마트폰을 들여다보고 있거나 몇 초에 한 번씩 혹시 문자 메시지나 메일이 왔는지 보려고 화면을 확인하는 습관이 있음을 보게 된다. 그만큼 소통의 울타리 밖으로 떨어져 나가는 것에 두려움을 느끼는 것이다.

고등학생 시절에 나는 자신감이 너무 없어서 불량한 학생들과 어울려서 존재감을 드러내려고 했다. 그러다 정학과 자택 근신으로 집에 혼자 남았을 때 처음으로 나 자신과 마주할 시간을 가질 수 있었다.

나는 어떤 인생을 보내고 싶은가? 그러려면 지금 무엇을 할 수 있을까? 이런 질문에 답을 구하기 위해 책을 읽기 시작했는데 성공자들의 삶이나 생각이 참으로 신선했고, 내 가치관을 새로 세워주었기에 점점 독서에 빠져들었다.

예전에는 미래에 대충 어떤 사람이 되고 싶은지 상상을 하거나 현재 상황에 대해 잠깐 고민할 때도 있었지만 깊이 있게 생각할 시간은 없이 갈피를 잡지 못하고 흔들리는 삶을 이어갔다.

주위 사람들에게 그저 휩쓸리기만 하면 주체적으로 살아갈 수 없다. 그러나 자신의 생각이나 감각을 믿고 살면 주변의 눈은 더 이상 신경 쓰이지 않게 되고, 자신에 대한 믿음만으로 살아갈 수 있게 된다.

나는 대학 졸업 후에 다른 친구들과는 달리 케임브리지 대학원으로 유학을 떠났고, 귀국 후에도 취직이 아니라 사업의 길을 선택했다.

남들과 휩쓸려서 살면 몸이든 마음이든 편하겠지만, 그렇게 편안한 둥지 속에서만 살면 자신이 누군지 스스로도 알쏭달쏭할 때가 있지 않을까? 그렇게 되면 자기 삶에 자신감도 사라지고 직접 의사 결정을 내리기도 어려워진다.

우리 주변에 보면 이런 모임, 저런 동아리에 가입을 해서 바쁘게 뛰어다니는 사람들이 많다. 때로는 그들의 왕성한 인간관계가 부러울 때도 있지만, 그것이 곧 자기 삶을 풍성하게 만드는 것은 아닐 것이다.

몰려다니지 말라는 것이 고립하라는 말은 아니니 오해하지 말기 바란다. 혼자서는 아무것도 하지 못하기 때문에 자신과 마주하고 레벨을 높여야 한다. 그리고 다른 사람과 힘을 합쳐 혼자서 할 수 없는 일을 완성해가는 것이다. 적극적으로 일하되, 몰려다니지 말고 행동하자.

NOT TO DO 49

저금하지 마라

나는 저금을 하지 않는다. 우리에게는 아직도 병이나 사고가 있을 때를 대비하여 저축을 해야 한다는 생각이 뿌리 깊게 박혀 있는데, 돈은 가만히 놔두지 않고 요긴한 곳에 썼을 때 가치가 있다고 생각한다.

나는 돈이란 사람들에게 도움이 되는 일을 하면 결과적으로 따라온다는 생각을 갖고 있다. 이 사실을 나는 대학생 때 읽은《부자 아빠 가난한 아빠Rich Dad Poor Dad》를 통해 배웠다.

이 책에서 나는 돈 버는 방법보다 쓰는 법이 더 중요하다는 가르침을 받았다. 즉 돈이란 낭비하는가, 투자하는가에 달려 있지 저축하는 데 있지 않다는 것이다. 그 이후 돈 쓰는 법에 대한 생각이 180도 달라져서, 항상 낭비인지 투자인지 스스로 묻게 되었다.

마음에 꼭 드는 물건은 살 때도 있지만, 기본적으로 나는 물욕이 별로 없어서 돈을 벌었다고 해서 명품을 사는 일은 거의 없다. 그보다는 경험과 타인에게 돈을 쓰려고 한다.

벌어들인 돈은 일단 내가 해보고 싶은 일에 쓰려고 새로운 비즈니스 아이템을 시작하기도 하고, 여행이나 스터디 모임에 나가거나 맛있는 음식을 먹기도 한다. 흥미로운 이벤트가 있으면 아무리 멀어도 달려간다.

실제로 강의로 만난 경영자들과 갑자기 의기투합하여 유럽으로 여행을 떠난 적도 있다. 여행비용이 상당히 많이 들지만 손익은 생각하지 않는다. 손익에 대한 생각을 하다가는 행동마다 브레이크가 걸리기 때문이다.

주변에서는 “그러면 무슨 이득이 있어?” 하고 묻는데, 이득이 있든 말든 상관없다고 생각한다. 해보고 싶은 일에 돈을 썼을 때 비로소 그 돈은 가치를 발휘하는 것이 아닐까?

어떤 것을 체험하는 일이야말로 신선한 독창성을 갖는 것이 아닐까? 누구 한 사람도 똑같은 인생을 살아갈 수는 없다. 돈으로 살 수 있는 것은 누구나 얻을 수 있지만, 체험만은 유일무이하다. 자신에게 돈을 써야 자신만이 말할 수 있는 경험이 늘어난다. 그것이 자신만이 할 수 있는 것을 쌓아가기 위한 수단이다.

또한 나는 사람들에게도 돈을 쓴다. 식사 모임을 열어 대접을 하거나 게스트를 불러 이벤트를 개최하기도 한다. 인맥을 늘리려는 생각이 아니다. 그런 식의 순수한 네트워크가 나를 더 풍요한 지식생산자로 만들어줄 수 있다고 믿기 때문이다.

나는 사람들에게 진짜를 보여줘야 호기심이나 탐구심을 자극할 수 있다고 생각하기 때문에 이벤트에서는 꿈을 줄 수 있는 게스트를 부른다. 내가 돈을 써서 이 사회가 조금이라도 좋아진다면 대만족이라는 생각이다.

그런 식으로 돈을 쓰면 '신용 저금'이 쌓이는 것이라고 생각한다. 내가 만약 불의의 사고를 당해 세상을 떠난다 해도 '그때 그 사람한테 신세를 졌지' 하며 누군가 나의 가족을 도와줄지도 모를 일 아닌가?

그러나 딱히 누군가에게 그런 도움을 바라는 것은 아니고, 결과적으로 그렇게 되리라고 느낀다는 것이다. 돈은 버는 법보다 쓰는 법이 중요하다. 당신도 저금을 그만해볼 생각은 없나?

to do

돈은 무조건 쌓아두지 말고
체험에 아낌없이 써라.

☑ NOT TO DO 50

꿈이나 목표를 억지로 품지 마라

"작은 일을 겹겹이 쌓는 것이 어마어마한 곳으로 가는 유일한 길이다."

야구선수 스즈키 이치로鈴木一朗가 남긴 말 중에서 개인적으로 제일 좋아하는 문장이다. 이 말은 2004년 그가 메이저리그 1년 안타 기록을 깼을 때 기자회견에서 나왔다.

목표를 세우고 꿈을 품는 것이 얼마나 중요한지는 어린아이 때부터 귀에 딱지가 생길 정도로 들었을 것이다. 확실히 꿈이나 목표를 가지는 것은 인생에 활력을 불어넣어 주고 자신을 성장하게 만든다.

그러나 나는 꿈이나 목표를 억지로 갖는 것은 위험하다

고 생각한다. 꿈이나 목표를 가지려고 열심히 찾아봤지만 잘 보이지 않는다면 어떻게 될까? 왠지 꿈이나 목표가 없으면 공중에 붕 떠서 홀로 세상에서 떨어져 나온 듯한 기분이 들 수도 있다.

미국의 심리학 연구에서, 새해에 세운 목표 중 80퍼센트는 2월 이전에 소멸된다는 발표가 있었다. 그 이유는 진짜 세우고 싶어서 세운 목표가 아니기 때문일 것이다.

왠지 목표를 꼭 세워야만 할 것 같아서 '좋아, 올해는 목표를 10개 세워보자!' 하고 선언하며 억지로 목표를 세워봤자 기필코 달성하겠다는 마음은 들지 않는다. 꼭 해내겠다는 것을 발견했을 때 목표를 세울 수 있다. 이 순서가 맞는 게 아닐까?

나는 고등학교 2학년 때 캐나다인 영어 선생님을 만나 영어의 길로 들어섰다. 그때까지 나는 말썽만 피우는 학생이었다. 내 말을 어떤 어른이 들어주었을 리 만무하다.

그러나 그 선생님은 처음으로 내 말에 귀를 기울여주었다. 일본계 캐나다인이었기 때문에 일본어도 유창해서 주로 일본어로 이야기했는데, 이 선생님이 세상에는 다양한 가치관이 있다고 알려주었다. 그 순간 '나도 해외에 가고 싶다'는 생각이 들었다. 그러려면 영어를 꼭 해야 했다. 그래서 해외 유학을 위해 영어를 공부하자는 생각이 들었다. 이런 과정을 통해 영어 공부를 위한 구체적이고 명확한 목표를 갖게 되었다.

꿈이나 목표란 우연히 떨어지는 것이라고 생각한다. 남이 가져다줄지도 모른다. 케임브리지 대학원에 진학했을 때도 그랬다. 처음부터 진학을 목표로 공부하지는 않았다. 일단 유학을 하고 싶어서 영국으로 뛰어들었고, 매일 내가 할 수 있는 일에 집중했다. 그랬더니 멋진 은사님과 환경을 만날 수 있었고, 어느새 진학을 할 수 있었다.

억지로 꿈이나 목표를 가지지 않아도 좋다. 꿈이나 목표를 찾지 못하겠으면 아직 그 '때'가 오지 않은 것일 뿐이다. 그러나 그 시기는 행동하는 사람에게 빨리 찾아오는 것 같다. 행동을 하면 기회도 늘어나기 때문이다.

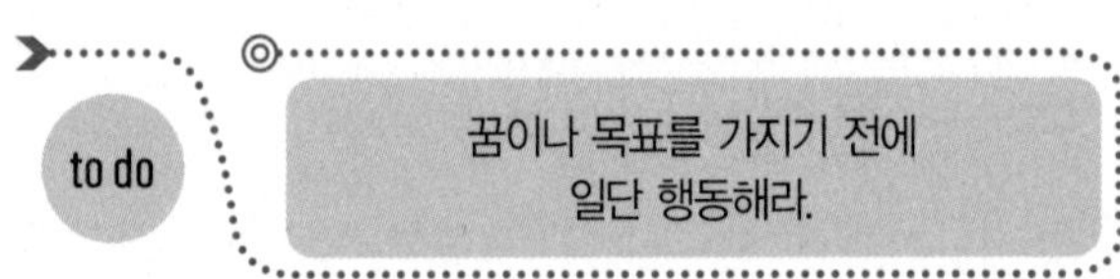

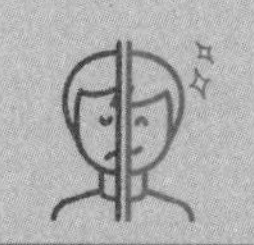

처음에는 버리는 것이 두려울 수 있다.
하지만 하지 말아야 할 일을 확실하게 정해보면
내가 정말 하고 싶은 일이 무엇인지 알게 될 것이다.
그리고 당신의 인생이 달라질 것이다.

맺음말

스티브 잡스Steve Jobs는 이런 말을 남겼다.

"하지 말아야 할 일을 정하는 것이 경영이다."

이 말을 그대로 빌려다 쓰면 '하지 말아야 할 일을 정하는 것이 곧 인생이다'가 아닐까?

행동력이 강한 사람은 '하지 말아야 할 일'을 명확히 정하기에 큰 성과를 남길 수 있는 것이다.

"하고 싶은 일만 하며 살면 안 된다. 생활이 되지 않는다."

학교는 우리에게 인내를 가르친다. 그 결과 하기 싫어도 생계 때문에 억지로 참고 괴로워하면서 일을 한다. 이를 꽉 문 채, 진정으로 하고 싶은 일이 아니라 해야 될 일을 억지로 해나간다. 당신은 그것이 인생이라고 스스로를 타이르고 있지 않은가?

확실히 열심히 하는 사람들을 보면 그런 생각이 드는 것도 무리는 아니다. 하고 싶지 않으면서도 견디면 결국 즐거운 일이 기다리지 않을까 하는 마음에 계속 참는다.

그렇게 해서 하고 싶은 일이 아니라 어쩔 수 없이 해야 된다며 감수하고 타협을 하는 사람이 바로 예전의 나였다. 나는 그것을 바로 행동에 옮기면서 깨달았다.

나는 '행동을 하지 않으면 아무것도 생기지 않는다'는 사실을 깨닫고 나서 '즉시 움직이는 행동력이 강한 사람'이 되었다. 그런데 무슨 일이든 닥치는 대로 다 했더니 어딘지 꽉 막히는 듯한 기분이 들었다.

그러다 '애초에 무엇인가를 반드시 해야 한다고 믿는 것 자체가 잘못된 게 아닐까?'라는 생각이 들기 시작했다.

'사람은 바빠야 한다. 늘 뭔가에 쫓기는 것이 인생이다'라는 생각에 지배당하면 잠깐이라도 시간에 공백이 생기면 불안감에 빠지고, 그 공백을 메우기 위해 뭐라도 해야겠다고 마음먹게 된다.

그렇게 되면 설령 인생에 도움이 안 되는 하찮고 잡다한 일도 마다않고 매달리게 된다. 이래서야 '대체 무엇을 위해 행동하는가?'라는 본질적인 문제는 안개 속에 빠져버리게 된다. 왜 나는 항상 빠릿빠릿하게 행동하고 많이 배우려고 노력하는데도 콱콱 막히는 느낌이 들까? 이런 고민에 빠져 있던 나에게 힌트를 준 것은 독서였다.

성공한 사람들은 불필요한 행동이나 사고를 잘 끊을 줄 안다. 다시 말해 진짜로 할 필요가 있는가, 무엇을 위해 하는가를 명확히 한다. 필요성이나 중요성이 느껴지지 않는 일은 과감히 하지 않는다.

'매니지먼트의 아버지'라 불리는 피터 드러커Peter Drucker는 전략에 대해 "일단 하지 않을 것을 정하라!"고 말했다. 이 말을 듣고 나는 정신이 번쩍 들었다.

곰곰이 생각해보면, 확실히 내 주변에서 성과를 낸 사람들은 행동에 군더더기가 없다. 사람을 사귈 때도 모든 사람과 흥청망청 보내지 않고 정해진 시간 안에 누구와 만날지를 정한다. 그리고 한가로이 보내는 시간과 할 일을 확실히 하는 시간이 확연히 구분되어 있다.

우리 인생은 '편견'이 지배한다. 이것이 상식이다, 이것이 당연하다는 생각 말이다. 우리가 모르는 사이에 편견은 군더더기를 쉴 새 없이 만들어낸다.

그 사실을 알아챈 후로는 다양한 상황에서 '왜 그것을 하는가?', '꼭 해야 할 일인가?'라며 근본적인 질문을 생각하게 되었다. 그리고 불필요하게 느껴지면 과감히 버렸다.

처음에는 버리는 것이 두렵기도 했다. 하지만 하지 말아야 할 일을 확실하게 정해봤더니 내가 정말 하고 싶은 일이 무엇인지 알게 되었다. 반드시 어떤 행동을 해야 된다는 압박감과 바쁜 스케줄 때문에 나 자신을 속였던 것이다.

하지 않아도 될 일을 철저히 정리했더니 시간에 여백이 생겼고, 시간의 여백은 마음의 여유로 이어졌다. 타인에게 받은 의뢰를 하나씩 처리해 나가는 것이 아니라 자신이 진정으로 하고 싶은 일에 시간을 쏟게 되면 하루하루가 알차게 느껴질 것이다.

이 책에서는 하지 말아야 할 일을 50가지 리스트로 소개했다. 이것은 여러분의 인생을 되돌아볼 수 있는 힌트가 될 것이다. 지금 당장 하지 않을 일을 명확히 정하자. 필요 없는 일을 걸러내면 개운한 하루가 여러분을 기다릴 것이다.

옮긴이 김소영

다양한 일본 서적을 우리나라 독자에게 전하는 일에 보람을 느끼며 더 많은 책을 소개하고자 힘쓰고 있다. 현재 일본어 전문 번역가로 활동 중이다. 주요 역서로는 《재밌어서 밤새 읽는 유전자 이야기》, 《컨디션만 관리했을 뿐인데》, 《심리학 용어도감》, 《세상에서 가장 빠른 고전 읽기》 등이 있다.

나는 왜 나를 가만히 놔두지 못할까?

초판 1쇄 인쇄일 2020년 12월 11일
초판 1쇄 발행일 2020년 12월 21일

지은이 쓰카모토 료
옮긴이 김소영
발행인 이정은
주간 이미숙
마케팅국장 이한주
책임편집 정윤정
책임디자인 이경진, 권지은
경영지원 이지연

발행처 홍익출판미디어그룹
출판등록번호 제 406-2020-000074 호
출판등록 2020년 7월 4일
주소 서울시 마포구 독막로 18길 12, 2층(상수동)
대표전화 02-323-0421
팩스 02-337-0569
메일 editor@hongikbooks.com

ISBN 979-11-9722-474-4 (03190)

이 도서의 국립중앙도서관 출판예정도서목록(CIP)은
서지정보유통지원시스템 홈페이지(http://seoji.nl.go.kr)와
국가자료공동목록시스템(http://www.nl.go.kr/kolisnet)에서 이용하실 수 있습니다.
(CIP제어번호: CIP2020049338)